PRAXISBUCH

Sebastian Scheuker

inkl. ERFOLGS-KALENDER

Gesetz der Anziehung

Das 1x1 zum Manifestieren

Lass deine Träume endlich Realität werden

Inhaltsverzeichnis

Vorwort

Im Leben begegnen uns immer Menschen, denen alles gelingt, die scheinbar mühelos Glück und Erfolg für sich gepachtet haben: Sie führen eine glückliche Partnerschaft, haben einen tollen Job oder ein florierendes Unternehmen, wohnen in einem schicken Haus und fahren ein besonderes Auto. Diese Menschen haben eine unglaubliche Ausstrahlung, Charisma und ein einzigartiges Selbstbewusstsein. Ihnen fliegt scheinbar Erfolg und Glück einfach so zu.

Großartige Freundschaften, erfüllende Partnerschaften, Erfolg im Beruf, finanziell gut aufgestellt sein, Gesundheit und Glück ist allerdings nicht jedem beschienen. Es gibt auf der anderen Seite die Menschen, die sich abrackern, große Anstrengungen unternehmen und keinen Schritt weiter kommen. Diese Menschen scheinen das Negative und Unglück magisch anzuziehen. Beide haben auf ihre eigene Weise eine besondere Anziehungskraft. Genauer und im Detail betrachtet, ziehst Du genau das an, was Du Dir in Deinen Gedanken ausmalst.

Das Gesetz der Anziehung ist ein überaus komplexer Vorgang. Dieser spielt sich auf vielen verschiedenen Ebenen ab.

Genau dieser Vorgang ist die Basis, damit Du ein zufriedenes und glückliches Leben führst oder eben nicht. Dabei geht es nicht nur um die Liebe, sondern auch um andere Lebensbereiche. Geld, Gesundheit, Erfolg und Glück lassen sich auch mit dem Gesetz der Anziehung beeinflussen und in eine positive Richtung lenken.

Grundsätzlich besteht ein kausaler Zusammenhang zwischen der Kraft der Anziehung, Liebe, Glück, Erfolg, Geld und Gesundheit, weil Du selbst Deine innere Einstellung und Deine Gedanken all diese Dinge beeinflussen kannst. Hast Du eine positive Einstellung gegenüber Dir selbst sowie Deinem Tun und Handeln, beeinflusst Du Deine äußeren Lebensbedingungen. Schwierige und sogar aussichtslose Umstände kannst Du beeinflussen, indem Du Deine innere Einstellung und Deine Glaubenssätze veränderst.

In Deinem Leben gibt es bestimmt auch einen Herzenswunsch, Visionen oder Träume, die Du Dir bisher noch nicht erfüllt hast, weil Du Dir selbst im Wege stehst und innere Blockaden Dich daran hindern, endlich die Reset-Taste zu drücken und neu durchzustarten. Du kannst diesen neuen Weg beschreiten, wenn Du bereit dazu bist und Dir dafür das Gesetz der Anziehung zunutze machen.

Erster Teil – Das Gesetz der Anziehung

Für das Gesetz der Anziehung gibt es weitere Bezeichnungen wie Gesetz der Resonanz oder Resonanzgesetz. In literarischen Werken zur Lebensberatung und Selbsthilfe wird von der Annahme ausgegangen, dass Gleiches von Gleichem angezogen wird. Grundlegend wird sich bei dieser Annahme auf das Verhältnis zwischen Gefühls- und Gedankenwelt und den äußeren Lebensbedingungen einer Person bezogen. Ausgegangen wird dabei davon, dass es eine gesetzmäßige Analogie zwischen Gefühlen, Gedanken und der Außenwelt gibt.

Diese Analogie kannst Du Dir zunutze machen, um die persönliche Einstellung zu äußeren Umständen zu ändern, die gegeben sind. Du versuchst damit, eine analoge Änderung der Umstände in dem Sinne herbeizuführen, in gewünschter Form.

Der Begriff „Gesetz der Anziehung“ hat seine Wurzeln im Jahr 1877. Die Okkultistin Helena Petrovna Blavatsky hat diesen Begriff in einem Buch verwendet. Von den Autoren Ralph Waldo Trine und Prentice Mulford wurde gegen Ende des 19. Jahrhunderts der Begriff auch verwendet. Beide waren die ersten Vertreter der Neugeist-Bewegung. Später haben auch andere Autoren mit einer neugeistigen Orientierung, genauso wie die Esoterik und esoterisch orientierte Gruppierungen diesen Begriff aufgegriffen und genutzt. Im Jahr 2006 erreichte das „Gesetz der Anziehung" durch den Film und das Buch „The Secret" von Rhonda Byrne eine enorme Bekanntheit.

Moderne Lebensberatung und das Erfolgscoaching bedienen sich häufig diesem Konzept. Das Ziel ist, mithilfe von einer positiven Lebenseinstellung mehr Erfolg, Reichtum und persönlichem Glück zu gelangen. Coaches und Lebensberater berufen sich vielfach dabei auf die Hermetik und stellen die Behauptung auf, dass das „Gesetz der Anziehung" auf den sogenannten sieben hermetischen Prinzipien beruht, die im Buch Kybalion niedergeschrieben sind. In diesem Buch wird die Ansicht vertreten, dass das Universum, das All geistiger Natur sind. Die Grundlagen der Struktur sehen folgendermaßen aus:

- Prinzip der Geistigkeit – Universum ist geistig und das All ist der Geist
- Prinzip der Analogie – Die Verhältnisse, die im Makrokosmos beziehungsweise im Universum vorhanden sind, entsprechen denen im Mikrokosmos, also im Individuum. Das bedeutet, dass sich die äußeren Verhältnisse im Menschen widerspiegeln und umgekehrt. Dementsprechend wirken sich Veränderungen im Be-

reich des Mikrokosmos auf den Makrokosmos, also das Gesamte aus.

- Prinzip der Schwingung – alles ist immer in Bewegung und ruht nicht.
- Prinzip der Polarität – alles hat zwei Pole, zwei Gegensätze und ist zweifach. Gemäß der Natur sind Gegensätze identisch. Sie unterscheiden sich nur in ihrer Ausprägung. Genauso sind alle Wahrheiten nur Halbwahrheiten. Alles, was paradox erscheint, kannst Du in Übereinstimmung bringen.
- Prinzip des Rhythmus – alles ist in Bewegung, fließt, hebt sich an und fällt wieder ab, so wie die Gezeiten. Verglichen mit einem Pendel, äußert sich der Rhythmus im Ausschlag nach rechts und links, wobei sich der Rhythmus immer wieder ausgleicht.
- Prinzip der Kausalität – Hiermit ist Ursache und Wirkung gemeint. Jede Ursache löst eine Wirkung aus. Das ist etwas gesetzmäßiges. Ein unerkanntes Gesetz wird als Zufall bezeichnet. Es gibt zwar viele Ebenen, auf denen Ursachen beruhen, doch dem „Gesetz der Anziehung“ entgeht nichts.
- Prinzip des Geschlechts – Das Geschlecht zeigt sich auf allen Ebenen, wobei alles ein weibliches und männliches Prinzip innehat und in allem enthalten ist.

Gesetz der Anziehung – die bekanntesten Vertreter

Zu den frühesten Autoren, die über das „Gesetz der Anziehung“ geschrieben haben, gehört sicherlich William Walker Atkinson, der bereits erste Bücher zum Thema um 1900 verfasst hat. Zu den zurzeit bekanntesten gehört Rhonda Byrne. Von ihr stammen das Buch und der gleichnamige Film „The Secret“. Als Kenner und Anwender des Gesetzes sollen Platon, Einstein, Edison, Newton, Lincoln, Emerson und Beethoven bekannt sein. In ihrem Buch „The Law of Attraction“ wird von den Esoterik-Autoren Esther und Jerry Hicks die Ansicht vertreten, dass der Mensch gemäß dem Gesetz der Anziehung seine körperlichen Erfahrungen über die schöpferische Kontrolle überwachen kann. Sie sprechen von der „Wissenschaft des bewussten Erschaffens“. Diesem liegt der Grundsatz zugrunde, dass das, was ich glaube, denke und erwarte, Realität ist.

Welches Prinzip liegt dem Gesetz der Anziehung zugrunde?

Wir Menschen begegnen täglich Gegebenheiten in unserem Dasein, die das Leben verändern und in andere Bahnen lenken. Die zufällige Begegnung mit einer Person kann neue Karrierechancen eröffnen. Auch gemachte Äußerungen können der Anstoß dazu sein, die eigene Sicht auf die Dinge zu ändern und sich selbst in eine andere Richtung in Bewegung zu setzen. Leider werden diese nur kurz auftretenden und flüchtigen Augenblicke gar nicht erst wahrgenommen oder nicht als wertvoll eingestuft, weil unser Leben von Hektik und Schnelllebigkeit überschattet ist.

Du kannst Deinen Geist aber dahingehend trainieren und ihn dabei unterstützen, dass Du diese Millisekunden für Veränderungen in Deinem Leben nutzt. Denn im Prinzip wird Dein Leben davon bestimmt, was Du Dir am meisten wünschst und der Begabung, zu denken, Emotionen zu empfinden und Handlungen durchzuführen. Das kann Gesundheit, Reichtum, Glück, Erfolg und Liebe sein.

Unser Gehirn mit seinen verschiedenen Bereichen ist die Quelle des Denkens und Handelns, wobei diese durch die Emotionen beeinflusst werden. Du hast sicherlich auch schon diese besonderen Tage erlebt, an denen einfach alles richtig und gut war. Du bist vor dem Weckerklingeln frisch und ausgeruht aufgewacht, hast ohne Stress Deine Morgenroutine durchgeführt und bist entspannt zur Arbeit aufgebrochen. An diesem Tag bist Du von Deinem Vorgesetzten angesprochen worden, ob Du Dein Fachwissen und Deine Kenntnisse in dieses eine Projekt einbringen möchtest, welches Dir besonders am Herzen liegt.

Die einen sprechen über solch einen Tag als Glückstag, an dem alles passt und funktioniert. Ist das ein außergewöhnlicher Zufall, wo Du selbst nichts zu beigetragen hast? Es gibt Menschen, die erleben einen solchen Glückstag nicht nur manchmal, sondern immer wieder. Sie bekommen in einem angesagten Restaurant einen Tisch, obwohl dieses schon Monate im Voraus ausgebucht ist.

Das Angebot, im Job eine neue Position zu besetzen und mehr Verantwortung zu übernehmen, scheint ein glücklicher Zufall zu sein. Du siehst dabei allerdings nicht, was Du dafür zuvor geleistet hast, damit Dir diese neue Position angeboten wird. Du hast gute Arbeit geleistet und bisher gute Ergebnisse abgeliefert. Du warst immer bereit, Dich den Herausforderungen zu stellen. Das Leben besteht nicht nur daraus, was Dir widerfährt. Du selbst erschaffst es mit dem, was Du machst.

Die Grundlage von allem ist das Gesetz der Anziehung. Denn damit kannst Du Situationen, materielle Dinge und Beziehungen erschaffen. Diese manifestierst Du, wenn Du sie in den Fokus nimmst, sie visualisierst und darauf Deine Energie konzentrierst. Letztendlich beruht das Resonanzgesetz beziehungsweise Deine Anziehung darauf, dass Du Deine Aufmerksamkeit und Energie auf eine bestimmte Sache richtest. Damit kannst Du diese Sache in Deinem Leben manifestieren.

Die Manifestation wird oftmals infrage gestellt und damit auch gleich das Gesetz der Anziehung. Mit manifestieren ist in Bezug auf das Resonanzgesetz vielmehr das „Herbeiführen“ und „Ich lasse etwas Geschehen“ gemeint. Dementsprechend definierst Du eine Verknüpfung zwischen Deiner Absicht und Deiner Handlung. Du regst Dein gesamtes Gehirn an, um im Turbogang Dein individuelles Leben und Deine Ideale kreieren zu können. Die grundlegende Zielsetzung der Anziehung beruht auf dem Klären und Festlegen Deiner eigenen Absichten, Deinem eigenen Bestreben.

Das sind letztendlich die Zielpunkte, die es zu erreichen gilt. Dabei treffen der Verstand und das Herz aufeinander. Es handeln sich dabei nicht nur um blinden Glauben, wie die Wissenschaft mittlerweile herausgefunden hat, sondern um Deine eigenen Absichten, Deine Gefühle und die rationale Denkweise, die in Harmonie zusammenarbeiten, anstatt sich gegenseitig infrage zu stellen und darüber zu streiten, was richtig und was falsch ist. Herrscht keine Harmonie zwischen Denken, Fühlen und Handeln, besteht kaum eine Möglichkeit, dass Du Deine Ziele erreichst.

Stehst Du vor einer großen Entscheidung, zerren Dich der Kopf, das Herz und das Bauchgefühl vielfach in ganz unterschiedliche Bahnen. Das rationale Denken bildet einen Kontrast zu dem, was Dein Instinkt und Deine Gefühle sagen. Das gilt nicht nur für große Entscheidungen wie zum Beispiel einen Jobwechsel, sondern auch für kleine Dinge, zum Beispiel beim Kauf von einem teuren Paar Schuhe, welches im Schlussverkauf stark reduziert ist.

Die Neurowissenschaft forscht immer umfassender, welche Zusammenhänge zwischen Körper und Geist bestehen. Aus der Erkenntnis heraus, dass die Nervenzellen und Hormone miteinander kommunizieren, bekommst Du schlechte Laune, weil Du gestresst, müde oder depressiv bist. Du kannst eine große Anzahl von körperlichen Faktoren feststellen. Darum ist es wichtig, dass Du Zusammenhänge kennst und Ziele auswählst, die auf ganzer Linie ein richtiges und gutes Gefühl bereitstellen.

Anziehen, was Du Dir wirklich wünschst

Damit das Gesetz der Anziehung funktioniert, musst Du Deine Ansichten bestimmen und Dir die Frage stellen, ob Dein Leben in den richtigen Bahnen verläuft, so wie Du es Dir wünschst. Wenn das nicht so ist, musst Du Deine Vorstellungskraft nutzen, Dir bildlich vorstellen, wie Dein Leben aussehen soll und aktiv an der Verwirklichung arbeiten. Wenn Du die ganze Kraft von Deinem Gehirn konzentrierst, Dich entsprechend Deiner Wünsche und Visionen zu verhalten und zu denken, kommst Du der Verwirklichung Deiner Ziele näher.

Dabei darfst Du niemals vergessen, dass Dein Fokus und die Ansichten besondere Stärke mitbringen, wenn zwischen Deinen Wünschen, Werten und Lebensentscheidungen eine Übereinstimmung besteht. Ergreifst Du beispielsweise einen Job nur, weil Du damit viel Geld verdienst und wirfst dafür Deine eigene Ideologie über Bord und damit auch Deine Wünsche? Du leidest unter Stress und Angst, weil Deine

Psyche, die Emotionen und Dein Körper nicht im Einklang sind. Denn Du versuchst gerade ein Leben zu leben, das nicht mit Deinem „wahren" Ich übereinstimmt.

In Bezug auf die Liebe verhält sich das ähnlich. Wenn Du glaubst, dass Deine innere Uhr tickt und Dich deshalb auf einen anderen Menschen einlässt, kannst Du sicherlich einige Punkte auf Deiner Liste abhaken. Doch hast Du dabei auch überlegt, welche Abstriche Du machst und welche Wünsche und Bedürfnisse unerfüllt bleiben?

Mache keine Abstriche, sondern denke groß und setze Dir große Ziele, egal ob es dabei um Erfolg, Glück, Geld, Gesundheit oder die Liebe geht, die Du anziehen möchtest.

Gesetz der Anziehung und die Wissenschaft

Die Wissenschaft hat im Zusammenhang mit dem Gesetz der Anziehung zwei bedeutsame Aspekte bewiesen. Auf der einen Seite steht der Aspekt, dass keine feste Materie vorhanden ist, sondern alles aus Energie besteht. Andererseits besagt die Wissenschaft, wenn Du von etwas überzeugt bist und Deine Erwartung ehrlicher Natur ist, wird es auch genauso eintreffen.

Das ganz normale Leben liefert dazu genug Beispiele, wie beispielsweise das nachfolgende: In Deinem Umfeld gibt es Menschen mit einer festen Überzeugung. Sie sind davon überzeugt, dass sie auf jeden Fall diesen neuen Job bekommen, wenn sie vom Personalchef zum Bewerbungsgespräch eingeladen werden. Der Erfolg wird sich einstellen, weil sie exakt diese Erwartungshaltung haben. Das begründet sich letztendlich darauf, weil diese Person mit der entsprechenden Überzeugung beim Vorstellungsgespräch auftritt.

Das lässt sich mit dem Gesetz der Anziehung wie folgt ausdrücken: Die Person hat in der eigenen Vorstellungskraft die Zusagen für den neuen Job bereits bekommen. Das bedeutet, dass schon im Vorfeld eine erfolgreiche Person verkörpert wird. Dadurch wird folgerichtig das entsprechende Ergebnis angezogen.

Gleiches zieht Gleiches an

Dass Gleiches Gleiches anzieht, bedeutet, dass Du zuerst einmal gedanklich Klarheit schaffen musst, welche Wünsche Du in Deinem Leben hast. Das ist die wichtigste Grundlage, bevor es überhaupt mit der Anziehung funktioniert. Zahlreiche Mentoren und Autoren lehren, dass es dafür verschiedene Techniken gibt. Es geht aber im Grunde genommen nur darum, dass Du in Deiner Vorstellung der Mensch wirst, der Du tatsächlich sein möchtest. Wenn das Dein sehnlichstes Verlangen ist, richte Deinen Blick beziehungsweise Deine Gedanken auf das Ergebnis des erfüllten Wunsches.

Wer sich beständig das Ergebnis vor Augen führt, hat ganz automatisch ein anderes Auftreten, trifft andere Entscheidungen und bekommt am Schluss neue Resultate. Denn Du stahlst dadurch ganz automatisch eine andere Energie aus.

Grundsätzlich erfüllt das Gesetz der Anziehung keine Wünsche. Das machst Du selbstständig und unbewusst.

Mach Dir einmal Gedanken darüber, wie Dein Verhalten aussieht, wenn Du Deinen morgendlichen Kaffee trinken möchtest. Machst Du Dir Gedanken darüber, was auf dem Weg zum Kaffeeautomat alles passieren kann, oder denkst Du daran, wie köstlich der erste Kaffee am Morgen ist?

Kein Gesetz und kein anderer Mensch ist in der Lage, Dir etwas zu geben oder zu schenken, an das Du selbst nicht glaubst beziehungsweise in Dir trägst. Du selbst und Deine ganz persönliche Überzeugung ist die Ursache, wie sich Dein Leben gestaltet. Ist ein Wunsch vorhanden, dem Du mit Zweifel begegnest, zeigt Dir Dein Leben genau diese Zweifel klar und deutlich auf. Zweifelst Du an Dir selbst, bist Du unsicher, Du empfindest keine Liebe für Dich selbst und andere Menschen zeigen Dir das Spiegelbild Deiner fehlenden Selbstsicherheit und Selbstliebe.

Wenn Du Liebe, Erfolg, Gesundheit, Glück und Geld anziehen möchtest, brauchst Du eigentlich nur das Wissen darum, dass Du selbst der einzige Grund dafür bist, ob sich Deine Lebenswünsche erfüllen oder nicht. Dein Leben spiegelt Deine Gedanken wider. Das ist nicht nur bei Dir so, sondern bei jedem anderen Menschen auch.

Wenn Du positiv über eine andere Person denkst, sie als freundlich und hilfsbereit siehst, verhält sich diese Person Dir gegenüber genauso. Denkst Du hingegen, dass die andere Person Dich nicht mag und als unsympathisch empfindet, wird das auch so sein. Alle Menschen, denen Du in Deinem Leben begegnest, können gar nicht anders als Dir ein Spiegelbild Deiner eigenen Überzeugungen aufzuzeigen. Genauso funktioniert das Leben.

Hast Du besonders große Wünsche, brauchst Du dafür eine gute Portion Mut, um an die Erfüllung zu glauben. Grund dafür ist, dass wir bis zum heutigen Tage in einer überaus konservativen und vom Verstand getriebenen Gesellschaft leben, die keine Ausnahmen und Extravaganzen akzeptiert. Alles muss nach einem bestimmten Schema ablaufen. Alles andere ist außerhalb der Norm und nicht respektabel.

Dir wurde durch die strengen Konventionen der Gesellschaft nicht beigebracht, dass Du mit Deinen eigenen Gedanken in der Lage bist, Realitäten zu schaffen. Genauso wenig ist die Erkenntnis vorhanden, dass Du selbst die einzige Ursache dafür bist, auf welche Art und Weise sich Dein individuelles Leben gestaltet. Beigebracht hat man Dir, dass Du dem Leben oftmals hilflos ausgeliefert bist. Das Einzige, was Du machen kannst, ist hoffen und wünschen. In Wirklichkeit stimmt das aber gar nicht.

Du kennst sicherlich auch solche Menschen, die eine besondere Ausstrahlung haben und einfach nur durch ihre Anwesenheit den Raum erhellen, während andere durchaus mit besonderer Schönheit aufwarten und sich trotzdem nicht von der Masse abheben. Dieses besondere Geheimnis, das diese Menschen umgibt, ist die Aura, die etwas Interessantes und Einladendes ausstrahlt und einen gewissen Charme versprüht. Dabei spielt nicht die Kleidung, die Schönheit oder ob sie laut sind eine Rolle.

Es ist die Ausstrahlung, die natürliche Anziehung beziehungsweise das Charisma, das Dich in ihren Bann zieht. Genau diese Anziehung, dieses gewisse Etwas ist erstrebenswert für jeden, weil sie eine besondere Faszination bei anderen Menschen hervorruft und Personen unverwechselbar macht. Wenn es Dein größter Wunsch ist, glücklich und erfolgreich zu sein, musst Du Dein Selbstbewusstsein stärken, ein neues Selbstwertgefühl entwickeln und wissen, dass Deine Gedanken großen Einfluss auf Dein Tun und Handeln haben.

Wissenschaftliche Beweise, dass Anziehung funktioniert

Wenn Du auf die Suche nach echten wissenschaftlichen Beweisen gehst, dass das Gesetz der Anziehung wirklich funktioniert, wirst Du dazu keine konkreten Antworten finden. Wie in vielen anderen Fällen auch, kommt es dabei immer auf den Blickwinkel an.

Die Gravitation kennst Du sicherlich aus der Physik. Sie ist eine der Grundkräfte, von denen es im Universum vier gibt. Seitdem Issac Newton die Gravitation entdeckt und darüber geschrieben hat, steht sie für die Anziehung zwischen zwei Objekten. Die Schwerkraft sorgt dafür, dass Sterne und Planeten nicht von ihrem Kurs beziehungsweise ihren Bahnen abweichen.

Die Anziehungskraft ist demnach die bestimmende oder maßgebliche physikalische Kraft im Universum. Vielleicht ist daraus der Grundgedanke entstanden, durch das Gesetz der

Anziehung auf das Universum Einfluss nehmen zu können. Er gilt für die Physik und die Psychologie gleichermaßen.

Es gibt auch viele Esoteriker, die sich auf das Resonanzgesetz und die hermetischen Stützpfeiler berufen. Doch jetzt wird es etwas fragwürdig, weil die Pflichtlektüre der Esoteriker und genauso der Okkultisten das Buch „Kybalion“ ist. Die sieben hermetischen Prinzipien, die in diesem Buch behandelt werden, sollen die Grundlage dafür darstellen, wie die Welt funktioniert. Eines ist eben das Gesetz der Anziehung. Allerdings haben die Begründungen gar nichts mit naturwissenschaftlichen Gesetzmäßigkeiten gemeinsam und rufen einen zweifelhaften Geschmack hervor.

Kurz und knapp: Die Existenz der physikalischen Schwerkraft ist unumstritten. Ob tatsächlich ein esoterisches Gesetz der Anziehung vorhanden ist, kann ruhig mit Skepsis angegangen werden. Welches Interesse das Gesetz der Anziehung im Menschen weckt, zeigt sich nicht nur in der Kunst, sondern auch in Wissenschaft, Literatur und Politik. Dabei ist es ganz gleich, welche Sichtweise vertreten wird.

Zitat: „Egal ob Du denkst, Du kannst es, oder Du kannst es nicht, Du wirst recht behalten.“ **Henry Ford**

Zitat: „Wenn Du es willst und erwartest, wird es bald Dir gehören.“ **Abraham Hicks**

Zitat: „ Das Gesetz der Anziehung zeigt Dir alles an, was Du brauchst, je nach der Art Deines Gedankenlebens. Ihre Umwelt und finanzielle Situation sind die perfekte Reflexion

Ihres gewohnten Denkens. Der Gedanke regiert die Welt."
Joseph Murphy

Zitat: „Der dominierende Gedanke oder die mentale Einstellung ist der Magnet, und das Gesetz lautet: Gleiches zieht Gleiches an. Deshalb wird die Denkweise unweigerlich solche Umstände anziehen, die ihrem Wesen entsprechen."
Charles Haanal

Was kannst Du selbst anziehen?

Die Anziehung beziehungsweise Anziehungskraft bietet eine enorme Vielseitigkeit. Demnach ist es möglich, dass Du alles anziehen kannst, was Du Dir in Deinem tiefsten Inneren wünschst. Hierbei ist der richtige Grundgedanke das Wichtigste. Wenn Du erfolgreich und glücklich sein möchtest, brauchst Du dafür nicht viel zu tun. Entsprechend der Theorie brauchst Du nur Deine Einstellung zu ändern. Wichtig ist dabei aber die richtige Änderung der Einstellung. Nur die Hoffnung zu hegen, dass durch ein Wunder mehr Positives eintritt, ist nicht der richtige Ansatz. Negative Gefühle wie Missgunst und Neid solltest Du unbedingt vermeiden. Negatives wird nämlich durch negative Gedanken und Gefühle angezogen.

Um gemäß dieser Theorie zum Gesetz der Anziehung richtig vorzugehen, solltest Du an das Thema mit kindlicher Neugierde und Verwunderung herangehen. Neugier und Verwunderung sind positive Eigenschaften. Deshalb können sie Positives bewirken und Dir dazu verhelfen, Dein Leben in die gewünschte Richtung zu lenken. Es ist universell und für jeden Bereich in Deinem Leben einsetzbar, wenn Du entsprechend Deine Denkweise und Deine Handlungen anpasst.

Es sorgt nicht nur dafür, dass Du den Lebenspartner findest und zu Geld kommst. Auch auf Deinen Erfolg, Dein Glück, Deine Gesundheit, Deine Einstellung zu Dir und auf Lebenssituationen kannst Du Einfluss nehmen, indem Du nicht nur den Gedanken hegst, etwas verändern zu wollen, sondern Deinem Wunsch ein Gesicht gibst, die Ärmel hochkrempelst, alle Skepsis über Bord wirfst und Dir sagst: „Ich erreiche das Ziel!“ Du erlangst mehr Achtsamkeit, nimmst Dich selbst und Deine Umgebung sensibler wahr und kannst auf alles, was das Leben Dir an positiven Dingen bietet, besser und gezielter reagieren.

Zitat: „Du ziehst Deine Lebenserfahrungen durch das Zusammenspiel Deiner stärksten Überzeugungen, Emotionen und Handlungen an.“ **Bashar**

Worum geht es tatsächlich, wenn vom Gesetz der Anziehung gesprochen wird?

Grundsätzlich geht es beim Gesetz der Anziehung zuerst einmal um eine Bewusstseinsveränderung beziehungsweise um einen Perspektivenwechsel. Darauf folgt die Veränderung der Lebensumstände. Genau diese Punkte können tatsächlich eine positive Wirkung erzeugen. Je konkreter Du Deine Wünsche für Dich formulierst, desto klarer zeigen sich die Schritte, die als Nächstes durchzuführen sind. Zweifelhaft oder fragwürdig ist daran nichts, gerade wenn Du Dich selbst motivierst und Dir immer wieder vor Augen hältst, welches Ziel Du verfolgst. Es ist auch nichts Verwerfliches daran, wenn Du wenig umgängliche Menschen auf der Arbeit meidest, die immer nur jammern. Sie stellen keinen Mehrwert für Dich dar, sondern haben einen negativen Einfluss auf Deine eigene Laune und erschweren unnötig den Alltag auf der Arbeit. Das Gesetz der Anziehung kann so durchaus in der Praxis angewendet werden.

Wie gelingt es, eine Bewusstseinsveränderung herbeizuführen?

Es gibt durchaus einige interessante Aspekte, um Deine Gedanken positiv zu beeinflussen und einen Perspektivenwechsel vorzunehmen. Wenn Du einmal die Dinge aus einem anderen Blickwinkel betrachtest, sind sie nicht mehr mit Negativität und Zweifeln behaftet. Sie stellen eine ganz persönliche Herausforderung dar, der Du Dich stellen kannst. Veränderungen herbeiführen gelingt, wenn Du es wirklich möchtest und den Mut dazu hast. Du kannst bereits mit kleinen Dingen anfangen. So bist Du auf dem richtigen Weg, um das Gesetz der Anziehung für Dich zu nutzen.

- Dich annehmen, so wie Du bist!
- Die eigene Wahrnehmung stärken.
- Deine Ängste loslassen.
- Liebe Dich selbst.

- Positive Empfindungen deutlicher spüren.
- Dein Körpergefühl ist das Spiegelbild Deiner inneren Einstellung.
- Bleib Dir selber treu.
- Versuche, Deine Gefühle mit Worten auszudrücken.
- Bleibe immer am Ball!

Dich annehmen, so wie Du bist!

Das hast Du bestimmt auch schon oft gehört und trotzdem steckt viel Wahrheit darin, wenn es darum geht, eine Bewusstseinsveränderung herbeizuführen. Darum solltest Du endlich mit der Kritik an Dir selbst aufhören. Dann herrscht halt in Deiner Wohnung eine heillose Unordnung, dann sind Deine Hüften eben zu rund und Deine Nase eben schief. Kein Mensch ist perfekt! Gerade diese kleinen Makel und Fehler sind besonders charmant und machen genau Dich und Deine Persönlichkeit aus. Es sind Deine eigenen Ecken und Kanten, die Dich zu einem besonderen Menschen machen. Wenn Du bereit bist, Dich so anzunehmen, wie Du bist, verfügst Du über Ressourcen, die Du deutlich besser nutzen kannst, als Dich permanent zu kritisieren und argwöhnisch zu betrachten.

Die eigene Wahrnehmung stärken

Du solltest anfangen, Dich selber ernst zu nehmen und Deine eigenen Wünsche und Bedürfnisse nicht mehr herab spielen. Überdenke auch Deine Wahrnehmung hinsichtlich der Menschen in Deiner Umgebung und versuche stattdessen Deine Gedanken aus einer anderen Perspektive zu betrachten. Möglicherweise fehlt Dir selbst der Mut, in die Offensive zu gehen und Deine Einstellung, Wünsche, Vorstellungen und andere Denkweise offen kundzutun und zu zeigen. Vielleicht verspürst Du sogar etwas Neid gegenüber den Menschen, die eine sehr gute Selbstwahrnehmung haben und damit überzeugen. Sie hören auf ihre Wünsche und können diese in Worten ausdrücken, wenn sie das möchten.

Du kannst das auch! Im ersten Schritt beginnst Du mit Deinem Körper, indem Du dafür sorgst, dass es ihm gut geht. Verwöhne Dich beispielsweise mit einem besonderen Pflegeprogramm, einer neuen Frisur oder einem neuen Outfit. Dabei lässt Du Dich von Deiner inneren Stimme leiten und machst das, wonach Dir gerade der Sinn steht. Deine Seele muss sich in Deinem Körper wohlfühlen, damit sie sich ganz entfalten kann.

Interessiere Dich für Menschen in Deiner Umgebung!

Gehörst Du zu den Menschen, die andere wegen ihrer Einstellung oder bestimmten Eigenschaften, ihrem Kleidungsstil oder dem äußeren Erscheinungsbild in eine bestimmte Schublade packen, solltest Du kurz innehalten. Schaue noch einmal genauer hin und betrachte Deine Gedanken einmal von der anderen Seite. Wenn Du beispielsweise eine Frau in einem auffälligen Kleid mit tiefem Ausschnitt siehst, die gleichzeitig auch noch üppige Formen hat, kommst Du schnell zu dem Entschluss, dass dieses Erscheinungsbild sehr gewagt ist. Einen Mann in einem gewagten oder übertriebenen Outfit steckst Du direkt in die Schublade für Andersdenker, Revolutionäre und Paradiesvögel. Einer solchen Denkweise solltest Du sofort Einhalt gebieten und stattdessen Deine Gedanken aus einer anderen Perspektive betrachten. Möglicherweise fehlt Dir selbst der Mut, Dich offensiv zu kleiden. Vielleicht verspürst Du sogar etwas Neid. Trenne Dich von Deiner negativen Denkweise, dem Schubladendenken und lobe die Person innerlich für ihren Mut. Wenn Du abwertende Gedanken ins Positive wendest, wird sich das ebenso auf Deine eigene Ausstrahlung auswirken. Du bringst anderen Menschen etwas Gutes, Respekt und Wertschätzung entgegen. Dadurch erlangst Du eine offenere Gesamteinstellung.

Deine Ängste loslassen

Ab jetzt wird nicht mehr gejammert oder gemeckert. Deine Ängste und die Unzufriedenheit verbannst Du ab jetzt aus Deinem Leben. Dieses ist nämlich viel zu kurz, um sich ständig mit negativen Gefühlen auseinanderzusetzen. Sie fressen Dich auf und wollen Dir immer wieder scheinbar unüberwindbare Schranken und Barrieren aufzeigen. Stell Dich Deinen Ängsten und beobachte, welche Veränderungen durch Deinen Mut eintreten. Du musst Dich niemandem beweisen und es keinem recht machen. Die einzige Person, der Du es recht machen muss, bist einzig und alleine Du selbst! Wenn Du diese Erkenntnis erlangst, stärkst Du damit Dein Selbstwertgefühl, Dein Selbstbewusstsein und Du verbesserst Deine Ausstrahlung.

Liebe Dich selbst!

Selbstliebe bedeutet, dass Du Dich allumfassend annimmst und Dir uneingeschränkt Liebe entgegenbringst. Es besteht zwar eine Artverwandtschaft zwischen Selbstannahme, Selbstvertrauen, Selbstwert und Selbstliebe, doch wahre Selbstliebe ist damit nicht vollständig zum Ausdruck gebracht.

Selbstliebe erlangst Du, indem Du Verantwortung für Dich selbst übernimmst und Dir selbst bewusst machst, welche Kompetenzen Du hast und welche Erfolge Du bereits erreicht hast. Hilfreich sind dabei Dir liebevoll zugewandte Begleiter in Deiner Vorstellung. Das können Symbole oder auch Objekte sein, die Du Deinem inneren Kritiker gegenüberstellst. Stelle Dir zum Beispiel einen Turm oder ein Schloss vor. Du bestimmst, welche Besucher bleiben dürfen. Ungebetene Gäste schickst Du einfach wieder weg. Genauso kannst Du dem inneren Kritiker Einhalt gebieten und falsche, kritische Stimmen wegschicken, die an Dir und Deinen Fähigkeiten zweifeln.

Positive Empfindungen deutlicher spüren!

Wenn es etwas gibt, was positive Empfindungen in Dir auslöst, solltest Du diese Gefühle ganz bewusst erleben, genießen und festhalten. Vielleicht ist es ein besonderer Duft, schöne Musik oder eine Begegnung, die bei Dir ein Gefühl von Glück auslöst. Jede positive Empfindung kannst Du dafür nutzen, um Dich innerlich mit Fröhlichkeit und positiver Energie aufzuladen.

Auch wenn diese positive Energie und Fröhlichkeit nur innerlich ist, werden andere Menschen sie spüren. Hast Du einmal einen schlechten Tag, an dem es Dir nicht gut geht, erinnere Dich an diese schönen Momente. Damit kannst Du Dir selbst Trost spenden und Dich auffangen. Die schönen Momente und damit verbundenen positiven Empfindungen sind die Quelle, die Deine Ausstrahlung positiv beeinflusst und Dir wieder zu einem Perspektivenwechsel verhelfen.

Dein Körpergefühl ist das Spiegelbild Deiner inneren Einstellung!

Menschen, die nicht auffallen, haben eine Gemeinsamkeit. Sie alle verstecken sich hinter einer unscheinbaren Fassade, die sie mit ihrem Körper zum Ausdruck bringen. Versuche doch einfach mal einen aufrechten Gang, Dich selbstbewusst zu bewegen und eine gerade Körperhaltung. Ein smartes Lächeln im Gesicht gehört ebenfalls dazu. Wichtig ist, dass Du Dich dabei wohlfühlst.

Lässt Du die Schultern hängen oder verschränkst Du die Arme vor der Brust, zeigst Du damit, dass Du nicht bereit bist, etwas von Dir preiszugeben oder an Dich heranzulassen. Besonders lässig wirkst Du, wenn Du die Arme locker neben dem Körper lässt, die Schultern leicht nach hinten schiebst und die Brust ein wenig herausstreckst. Mit einer solchen Körperhaltung signalisiert Du Offenheit und Selbstbewusstsein.

Bleibe Dir selber treu!

Wenn Du versuchst, es jedem recht zu machen, bist Du nicht mehr authentisch. In diesem Moment stehst Du nicht zu Deiner eigenen Meinung, da Du andere Menschen damit verletzen könntest. Wichtig ist, dass Du bei einer Diskussion sachlich bleibst und auch einmal Nein sagst. Du vertrittst Deine eigenen Ideale und Ansichten. Daran ist nichts verwerflich. Indem Du Dir treu bleibst und Dein gegenüber respektvoll behandelst, bekommst Du den gleichen Respekt zurück. Dieses Selbstbewusstsein, was Du in diesem Moment an den Tag legst, wirkt überzeugend und dient Dir als Selbstmotivation.

Versuche, Deine Gefühle mit Worten auszudrücken!

Oftmals fällt es schwer, Dinge auszusprechen, gerade wenn Du es gewöhnt bist, zurückhaltend zu sein. Deiner Stimme ist leise und es fehlt ihr das nötige Volumen, um Deinen Worten Nachdruck zu verleihen. Wähle eine Stimmlage, die durch Dein Zwerchfell unterstützt wird. So erreichst Du, dass Deine Stimme wieder kraftvoll und angenehm klingt.

Du musst Dich nicht zurückhalten, sondern kannst mit großem Selbstbewusstsein sprechen. Nutze Mimik und Gestik, um Deinen Worten noch mehr Gewicht zu verleihen. Die Körpersprache ist dafür ein ganz besonderes Mittel. So bringst Du Gefühle bewusst und sichtbar zum Ausdruck, wodurch Du auf andere eine sympathische Wirkung hast.

Bleibe immer am Ball!

Wenn Du wirklich etwas verändern möchtest, um beim Flirten und im täglichen Leben als Persönlichkeit wahrgenommen zu werden, musst Du am Ball bleiben und an Dir und Deiner Denkweise arbeiten. Gehe mutig auf neue Dinge zu und beobachte Deine Wirkung auf andere Menschen. Rückschläge wird es immer geben. Sie gehören einfach dazu. Nutze sie als Katalysator, um Dich selbst zu motivieren, weiter zu machen und an Deinem Selbstbewusstsein zu arbeiten. So kannst Du das Gesetz der Anziehung für Dich nutzen, um Dir Deine Wünsche zu erfüllen.

Halte Dir immer vor Augen, dass es anderen Menschen genauso wie Dir geht und Du damit nicht alleine bist. Du alleine entscheidest für Dich, ob Du den Kopf in den Sand steckst und Deinen unerfüllten Wünschen hinterher trauerst oder weiter an Dir arbeitest, um endlich Dein gewünschtes Ziel zu erreichen.

Zitat: „Ich bin verantwortlich dafür, wie ich mich fühle und heute habe ich mich entschieden, glücklich zu sein." **Pierre Franckh**

Die menschliche Physik und Psyche

Wir Menschen sind ein Wunderwerk der Natur. Wir bestehen aus einem physikalischen Körper, der eine Schaltzentrale hat. Die Schaltzentrale ist das Gehirn, dass Deine Nervenzellen und durch das Ausschütten von Hormonen reagieren lässt. Die Wahrnehmungen, Empfindungen und die Gedanken, die bei Dir hervorgerufen werden, sind es, die Dein Körper widerspiegelt. Bist Du zum Beispiel ängstlich und frustrierst, nimmst Du eine Körperhaltung ein, damit Du gar nicht erst auffällst und auf einen gemachten Fehler angesprochen wirst.

Die Wahrnehmung und die Gedanken, die bei Dir hervorgerufen werden und sich in Deiner Körperhaltung widerspiegeln, sind es, die Deinem Glück, Erfolg, Geld, der Liebe und Gesundheit im Wege stehen. Sie führen zu Selbstüberschätzung, beeinflussen die Selbstwahrnehmung, das Selbstbewusstsein, erzeugen letztendlich ein unrealistisches Bild und liefern Dir nur einen subjektiv sinnvollen Gesamteindruck.

Die menschliche Psyche und Physik stehen in einem sehr engen Zusammenhang. Denn Dein Geist und Körper beeinflussen sich gegenseitig sehr stark. Eine Aufspaltung des Menschen als solches in Körper und Geist ist daher der falsche Ansatz, weil damit zwei wichtige Aspekte getrennt voneinander betrachtet werden. Indem Du Körper und Geist als Gesamtheit siehst und Dir bewusst über die gegenseitige Einflussnahme bist, kannst Du für Dich selbst Großes bewegen.

Um aber das Gesetz der Anziehung für Dich zu nutzen, musst Du Dir Deine Wahrnehmung, die dadurch entstehenden Gedanken und die Verkettung mit Deinem Körper genauer anschauen. Schnell wirst Du feststellen, dass Ballast, den Du mit Dir herumträgst, das Bild verschleiern. Loslösen, aus einer anderen Perspektive betrachten, sich selbst neu ausrichten und die Aufmerksamkeit darauf legen, was Du ganz persönlich erreichen möchtest, führt dazu, dass Du das alles erreichen kannst, was Du Dir wünschst.

Warum funktioniert das Gesetz der Anziehung nicht bei Dir?

Beim Gesetz der Anziehung geht es um Energien, die von Dir ausgestrahlt werden. Ebenfalls gehören entsprechende Umstände und Dinge dazu, die Du in Dein Leben ziehst. Grundsätzlich solltest Du Dir darüber im Klaren sein, dass das Gesetz der Anziehung immer funktioniert. Das Ergebnis wird allerdings von der Energie beeinflusst, die Du aussendest. Genau diese kann negativ oder positiv sein. Vielfach bist Du Dir dessen gar nicht bewusst.

Wenn Du Dir diese Gesetzmäßigkeit bewusst machst, kannst Du die Energien ausdrücklich dazu nutzen, um Deine Ziele zu erreichen. Vielleicht hast Du bereits positive Erfahrungen mit dem Gesetz der Anziehung gemacht. Doch scheinbar funktioniert das nicht immer gleich gut.

Wenn Du das Gesetz der Anziehung erfolgreich anwenden möchtest, musst Du einige Hindernisse umschiffen, um diesen aus dem Weg zu gehen. Bleibst Du hingegen auf dem gleichen Kurs, den Du für Dein Leben ohne Wenn und Aber festgelegt hast, ist eine erfolgreiche Nutzung des Gesetzes meist reine Glückssache. Es gibt verschiedene Gründe dafür, warum das Gesetz der Anziehung nicht funktioniert. Wenn Du aber die 13 häufigsten Gründe kennst, wird Dich das bereits ein ganzes Stück weiterbringen.

1. Dir fehlt eine klare Definition

Wenn Du sagst, dass Du ein schöneres Leben führen möchtest, handelt es sich dabei nicht um eine klare Definition. Die Aussage ist zwar in Bezug auf Einstellung und Ausrichtung nicht unwichtig. Das Unterbewusstsein braucht allerdings eine klare Definition, ein Bild, einen Anker, an dem es sich ausrichten kann. Darum solltest Du Dir die Frage beantworten, was Du möchtest und was für Dich ein schönes Leben ausmacht. Wichtig ist, dass Du Deine Wünsche und Ziele sichtbar und beschreibbar machst. Um das große Ziel zu erreichen, kann der Weg dorthin auch aus mehreren Teilzielen bestehen. Das Endergebnis solltest Du immer klar definiert vor Augen haben. Trotzdem besteht die Kunst darin, flexibel zu sein, um auch Umwege in Kauf zu nehmen, um das Ziel zu erreichen.

2. Du willst zu vieles auf einmal

Wenn Du viele Wünsche und Ziele hast, musst Du den Vorrat an Energie auf viele Dinge verteilen. Je nachdem, worauf Dein aktueller Fokus liegt, wird diesem oder jenem

Wunsch mehr Energie und Aufmerksamkeit geschenkt. Du verteilst Deine Energie nicht punktgenau, sondern streust sie in alle Richtungen. Dabei verliert die Energie ihre wichtige Kraft. Nur mit gebündelter Energie gelingt es Dir, so kannst Du Deine Wünsche sichtbar machen und mithilfe der Anziehung Deine Ziele erreichen. Suche Dir ein Ziel oder einen Wunsch aus und richte darauf die ganze Energie aus.

3. Dein Verhalten zeigt, dass Du Dich klein und unscheinbar fühlst

Du kennst sicherlich Situationen in Deinem Leben, wo Du wie ein Kleinkind bettelst und zu Kreuze kriechst. Das zeigt nicht gerade Selbstbewusstsein oder Überzeugungskraft. Um etwas zu bitten ist nicht verkehrt, weil Du damit Deine Wertschätzung und Demut zeigst. Wenn Du aber einmal einen Blick auf Deine Energie wirfst und genauer schaust, wie sich diese anfühlt. Du kannst eine Bitte aussprechen und Dich dabei unwürdig und klein fühlen. Es geht aber auch anders, wenn Du die Bitte selbstbewusst und sicher zum Ausdruck bringst. Um Deine Wünsche und Ziele zu manifestieren, musst Du die Haltung eines Erwachsenen annehmen und die kindliche Haltung beiseiteschieben.

4. Dir fehlt das Vertrauen

Wenn Du nicht den Glauben daran hast, dass Dein Wunsch in Erfüllung gehen kann, nimmst Du Dir selbst die Quelle, aus der Du die meiste Kraft schöpfen kannst. Wichtig ist, dass Du in Dich hineingehst und schaust, ob Du an das glaubst, was Du Dir wünschst. Ist das Ziel zu hoch gesteckt oder Dein Wunsch eigentlich unvorstellbar, dann solltest Du Teilziele festlegen und in kleinen Schritten vorangehen. Durch kleine Etappenerfolge kommst Du Deinem großen Ziel und der Erfüllung Deines Herzenswunsches Schritt für Schritt näher und Du kannst Dich bei jeder erfolgreich bewältigten Etappe selbst feiern.

5. Die Kraft des Wortes wird unterschätzt

Bedenke, dass Dich Dein Unterbewusstsein beim Wort nimmt und treibt Dich in die Richtung, in die Du willst. Wenn Du Deinem Unterbewusstsein immer wieder suggerierst, dass Du wegfliegen und Urlaub machen möchtest, wird das auch passieren. Immer wieder möchtest Du, aber Du bleibst zu Hause. Stattdessen solltest Du die Entscheidung treffen und sagen: „Ich fliege weg und mache Urlaub!"

6. Von Dir wird zu wenig Energie / Gefühl hineingegeben

Es ist gut und richtig, wenn Du Dir jeden Abend oder jeden Morgen zehn Minuten gönnst, um Deine Wünsche zu bekräftigen und zu visualisieren. Wofür verwendest Du die übrigen Minuten, die ein Tag mit sich bringt? Aus der Gewohnheit heraus verbringst Du 90 Prozent der Zeit mit Zweifeln, Mangeldenken oder Du lässt die Minuten meist unbewusst ungenutzt verstreichen.

Dadurch hat das Unterbewusstsein viel Zeit für Kontrollprogramme und blockierende Glaubenssätze. Auch wenn positive Gedanken mehr Energie und Kraft haben als negative, braucht es eine gewisse Menge davon. Ansonsten kommt es nur zum Ausgleich der negativen Gedanken und Glaubenssätze. Damit kannst Du Deinen Wünschen und Zielen nicht näher kommen und etwas erreichen.

Grundsätzlich sollte Dein Tag so geprägt sein, dass er auf Dein Ziel ausgerichtet ist. Das bedeutet, dass Du jeden Tag so leben solltest, als wenn Dein Wunsch bereits in Erfüllung gegangen ist. Wünschst Du Dir eine Reise durch Südamerika, plane jetzt schon voller Begeisterung und Überzeugung die Route. Fühle Dich dabei so, als hättest Du Dein Ziel bereits erreicht.

7. Eine Ebene hast Du vergessen

Es geht nicht nur um Glauben, Denken und Fühlen, sondern auch um Machen! Das mag vielleicht ganz selbstverständlich klingen. Für viele ist das tatsächliche Machen aber keine Selbstverständlichkeit. Du sitzt zu Hause und malst Dir die schönsten Bilder Deines erfolgreichen Modegeschäfts in Deinen Gedanken. Wenn Du aber nicht nach einem passenden Ladenlokal suchst und Kontakte zu Lieferanten knüpfst, geht Dein Wunsch nicht in Erfüllung.

8. Du willst über alles die Kontrolle haben

Du hast Deinen Wunsch visualisiert und willst, dass dieser genauso in Erfüllung geht. Natürlich ist ein Ziel eine wichtige Grundlage. Auch glauben musst Du daran, dass der

Wunsch in Erfüllung geht. Du darfst auch keine Zweifel haben. Dennoch gibt es das große Aber: Überlasse das „WIE“ bitte Deinem Unterbewusstsein und dem Leben. Vermutlich wird Dir das Universum nicht das Flugticket für die Weltreise oder den Schlüssel für Dein Wunschhaus in den Briefkasten werfen. Du bekommst aber Impulse, Ideen und mitunter auch Wendungen vom Universum, die völlig unlogisch erscheinen. Letztendlich führen sie Dich aber doch ans Ziel. Die Gesamtzusammenhänge haben es viel besser im Überblick als Du und damit auch das Wissen darum, wie Du am schnellsten das Ziel erreichen kannst. Wichtig ist, dass Du diese Impulse erkennst. Wenn Du über alles die Kontrolle haben möchtest, wirst Du diese Zeichen nicht erkennen. Darum solltest Du Dich öffnen und auf Deine innere Stimme hören.

9. Dein Wunsch hat eine zu hohe Wichtigkeit

Du hast bis heute noch keinen Traumpartner gefunden, findest aber immer einem Parkplatz, wenn Du diesen gerade brauchst. Warum ist das so? Grundsätzlich ist das ganz einfach, weil das am Wert liegt, mit dem Du Deinen Wunsch bemisst. Je höher der beigemessene Wert ist, desto besser bist Du damit energetisch verbunden. Das Loslassen funktioniert nicht. In Deinem Inneren staut sich die Energie, die sich irgendwie entladen muss. Vielfach tritt genau das Gegenteil von Deinem Wunsch ein. Gehst Du hingegen ganz unbefangen mit Deinen Wünschen um, wird es eher mit der Wunscherfüllung klappen.

10. Du hast ganz vergessen, dass auch noch andere Gesetze vorhanden sind

Im Grunde genommen ist das Gesetz der Anziehung eine Kombination, die sich aus vier Gesetzen zusammensetzt:

- dem Gesetz der Resonanz,
- dem Gesetz der Polarität,
- dem Gesetz der Geistigkeit,
- dem Gesetz von Ursache und Wirkung.

Das Gesetz der Polarität ist besonders wichtig, da alles zwei Pole hat, damit Gleiches auch Gleiches anziehen kann. Darum solltest Du die andere Seite, die Du nicht willst, nicht ablehnen, da Du Dich damit auch gleichzeitig gegen den positiven Pol aussprichst. Es handelt sich doch um ein und dieselbe Sache, die zwei Seiten hat, wie zum Beispiel Armut und Reichtum. Dementsprechend ist es von großer Bedeutung, dass Du den Jetzt-Zustand akzeptierst. Du solltest ihn nicht ablehnen, sondern ihm nur keine Beachtung mehr schenken. Es ist, wie es ist. Der Jetzt-Zustand ist der Start, von dem Du auf das Ziel zuläufst.

11. Du hast den Gedanken, dass Du alleine bist

Alle Menschen leben in einem großen Energiefeld, auch wenn Du dieses nicht sehen kannst. Außerdem gehen wir auf eine gewisse Art und Weise alle zusammen und sind miteinander verbunden. Alles, was Du tust, wirkt sich auf das

Kollektiv aus. Genauso haben solche Gedanken eine Wirkung auf Macht und Kraft, die Du nicht unterschätzen solltest. Die anderen Menschen können bei Dir Zweifel hervorrufen und Dich ausbremsen, wenn Du Dich nicht abgrenzen kannst. Deine Kraft schwindet, mit der Du Deine Wünsche und Ziele manifestierst.

Du kannst Dich doch sicherlich daran erinnern, dass Du den Wunsch beim Auspusten der Kerzen auf dem Geburtstagskuchen nicht verraten sollst, genauso wie wenn Du eine Sternschnuppe siehst. Dieser Brauch hat einen tieferen Sinn. Denn Du solltest Deine Ziele so lange nicht ausplaudern, bis Du Dich fast auf der Zielgraden befindest.

12. Du hast das Universum mit Wohltätigkeit verwechselt

Du kannst Dir alles wünschen und um alles bitten, solltest aber immer dabei auch an das Gesetz des Ausgleichs denken. Daher solltest Du für jeden erfüllten Wunsch auch einen angemessenen Preis bezahlen. Grundsätzlich geht es dabei um Nehmen und Geben. Ansonsten ist irgendwann Dein Konto für Vergünstigungen leer geräumt. Handhabe es genauso, wie Du es im echten Leben machst. Wenn Du etwas haben möchtest, sei dankbar und respektvoll, gibt etwas zurück wie zum Beispiel unentgeltliche Hilfe und hebe Dich damit nicht hervor. Eigentlich sollte es eine Selbstverständlichkeit sein, nicht nur zu nehmen, sondern auch etwas zurückzugeben.

13. Bei Dir läuft das Gegenprogramm

Dein Wunsch ist es, eine ausgedehnte Weltreise zu unternehmen und Neues kennenlernen. Doch Deine Familie möchtest Du dafür nicht verlassen. Vielleicht hast Du ja auch den Wunsch, ein eigenes Unternehmen zu gründen, hast aber große Angst vor der damit verbundenen Verantwortung. Genau betrachtet stellst Du Dir selbst ein Bein durch das Gegenprogramm beziehungsweise den Wunsch, der im Gegensatz zum eigentlichen Wunsch steht. Dann funktioniert das Gesetz der Anziehung auch nicht.

Zitat: „Suche nicht nach Fehlern, suche nach Lösungen."
Henry Ford

Blockaden erkennen und aufarbeiten – wenn Du mit der Erfüllung Deiner Wünsche nicht weiter kommst

Du hast Deinen Wunsch visualisiert, das Ziel klar vor Augen und trotzdem trittst Du auf der Stelle und kommst nicht voran. Trotz Kraftanstrengung, vollem Einsatz und starkem Willen gibt es kein Weiterkommen. Eine solche Situation tritt auf, wenn Dein Bewusstsein und Unterbewusstsein nicht die gleiche Sprache sprechen. Neuste Forschungen haben ergeben, dass das Bewusstsein zwei Prozent und das Unterbewusstsein 98 Prozent Deiner Persönlichkeit ausmachen.

Das Unterbewusstsein ist wie ein großer Speicher oder eine Festplatte zu sehen, auf der alles aufzeichnet und abgespeichert wird, was von Kindertagen bis hin ins hohe Alter passiert. Geprägt sind diese gespeicherten Aufzeichnungen von Mustern und Gefühlen, die dann in Deinem Leben immer wieder ablaufen.

Wenn ein Kind zum Beispiel schon sehr früh gezeigt und gesagt bekommt, dass es langsam und dumm ist, speichert es diese Erkenntnis ab. Daraus entwickelt sich ein Glaubens- und Handlungsmuster. Wird dieser Mensch im Leben mit Situationen konfrontiert, in denen das Gefühl aufkommt, dass Geschwindigkeit und Wissen auf den Prüfstand gestellt werden, treten diese kindlichen Erfahrungswerte in den Vordergrund. In solchen Lebenssituationen fühlst Du Dich wie gelähmt, ausgelaugt, handlungsunfähig, antriebslos. Diese Erfahrungswerte aus Deiner Kindheit können sogar selbstzerstörerische Formen annehmen.

Jedes logische Argument hat nicht diese mächtige Wirkung, wie alte Glaubensmuster und Emotionen. Sie können nicht nur Karrieren verhindern oder zerstören, sondern haben auch einen enormen Einfluss auf Erfolg, Liebe, Gesundheit, Reichtum und Glück, weil sie Dich blockieren. Hinter den Blockaden verbergen sich Ängste, die sich rational nicht erklären lassen wie beispielsweise Angst vor Erfolg, vor der Liebe, vor Reichtum oder dem glücklich sein. Welche Anzeichen zeigen Dir, dass Du von alten Blockaden ausgebremst wirst?

- Trotz klarer Wünsche und Ziele kommst Du kein Stück weiter.

- Aus fadenscheinigen Gründen ziehst Du Dich kurz vor der Erreichung des Ziels zurück.
- Du wirst einfach übersehen oder übergangen.
- Du machst Dir selbst durch eine unbedachte Äußerung alles kaputt.
- Du kannst Deine Pläne wegen fehlender Konstitution nicht umsetzen, weil Du energielos und müde bist.
- Du wirst kurz vor der Erreichung des Ziels krank oder es tritt etwas ganz anderes, Unvorhergesehenes ein.
- Du stehst Dir selbst im Wege bei Dingen, die Du tief in Deinem Herzen willst und lenkst Dich durch sinnlose Beschäftigungen ab.
- Du hast Panikattacken und Angstzustände.

Im eigentlichen Sinne handelt es sich bei einer Blockade um einen gestörten Energiefluss in Deinem Körper. Durch Deine inneren Gedanken löst Du eine Selbstsabotage aus. Bei allen Blockaden ist es grundsätzlich wichtig, dass Du sie als solche identifizierst, auch wenn Du gerne nach Erklärungen und Ausreden suchst. Außerdem solltest Du Dich auf die Suche nach der Ursache begeben. Nimm Deine Blockaden an und versuche nicht dagegen anzukämpfen. Ein solcher Kampf kostet Dich viel zu viel Kraft und Energie, die Du deutlich sinnvoller einsetzen kannst. Die ersten Schritte, die Du zur Aufarbeitung von alten Blockaden gehen kannst, sehen folgendermaßen aus:

Stelle Dich Deinen Ängsten und Blockaden. Nur wenn Du sie greifbar machst, kannst Du sie lösen. Mache Dir dazu folgende Gedanken:

- Was passiert Dir immer wieder?
- Wo stehst Du Dir selbst im Weg?
- Welche Ausreden verwendest Du, um dem eigentlichen Ziel immer wieder auszuweichen?
- Welchen Situationen begegnest Du immer wieder? (Konflikten, autoritären Vorgesetzten, Mobbing)

Gehe auf die Suche nach den Ursachen und Deinen Glaubenssätzen

- Schaue Dir Deine Gedanken über Dich selbst und über bestimmte Situationen an.
- Schreibe Deine Beobachtungen auf.
- Stelle Dir die Fragen, was Du über Dich und über bestimmte Situationen denkst.

Stelle Dich Deinen Blockaden und Ängsten

- Finde heraus, was Dir Angst macht.
- Suche die Konfrontation und beginne die Dinge anzugehen, die Dir Angst machen und Dich blockieren.
- Jeden Schritt, den Du in die neue Richtung machst, sorgt dafür, dass es einfacher wird.

Worst-Case-Szenario

- Male Dir das Schlimmste aus, was Dir passieren kann und gewöhne Dich an diesem Gedanken.

Suche Dir jemanden, der Dich unterstützt

- Wenn Du alleine nicht weiterkommst, solltest Du Dir von anderen Menschen Unterstützung holen. Oftmals reicht es schon aus, wenn Du mit einer vertrauten Person über etwas redest.
- Du kannst auch professionelle Hilfe in Anspruch nehmen oder Dich coachen lassen. Den vermeintlichen eigenen Schwächen unverblümt ins Auge zu schauen, ist nicht immer einfach. Doch es ist wirklich lohnenswert. Möchtest Du in Deinem Leben weiterkommen, etwas erreichen und Dir Deine Wünsche wie Liebe, Geld, Erfolg und Glück erfüllen, dann solltest Du alle Anstrengungen dahingehend bündeln, um alte Blockaden aufzuarbeiten und Dich davon zu lösen.

Das Gesetz der Anziehung kann nur funktionieren, wenn Du frei von Ängsten und Blockaden bist. Blockaden und Ängste beeinflussen Deine gesamte Persönlichkeit. Sie beeinflussen Dein Selbstwertgefühl, Deine Selbstachtung, das Selbstbewusstsein, Deine Ausstrahlung, wie andere Menschen Dich wahrnehmen, eben alles, was Dich zur Erreichung Deines auserkorenen Zieles weiterbringt. Indem Du Deine Blockaden aufarbeitest, gibt es nichts mehr, was der

Erfüllung Deiner Wünsche und dem Erreichen Deiner Ziele im Wege steht.

Selbstwahrnehmung und Selbstreflexion

Um aus dem Muster von Reizen und Reaktionen herauszukommen, ist die Selbstwahrnehmung und Selbstreflexion ein wichtiger Schritt. Damit kannst Du nach und nach mehr Macht über Dich selbst gewinnen, das Steuer in die Hand nehmen, Ziele erreichen und Deinen Lebensweg neu gestalten.

Bei der Selbstwahrnehmung, die auch als Eigenwahrnehmung bezeichnet wird, geht es darum, dass Du Dich selbst inklusive Deiner Gedanken, Gefühle und Verhaltensweise wahrnimmst. Selbstreflexion beschreibt hingegen das über sich selbst Nachdenken. Das heißt, dass Du mit dem Ziel Deine Gedanken, Gefühle und Dein Handeln analysierst und hinterfragst, mehr über Dich selbst herauszufinden. Dabei kannst Du durch neue Bewertungen, Hypothesen und unterschiedliche Szenarien Dich selbst aus verschiedenen Blickwinkeln betrachten. So kannst Du ein vollständiges Bild von Dir selbst und Deinem Umfeld bekommen.

Gegenwärtige Situationen werden von Menschen oftmals als schicksalhaft oder fremdbestimmt eingeordnet. Alles, was Dir passiert, ist jedoch das Ergebnis aus dem Zusammenspiel Deines selbst, gepaart mit Deinen Eigenschaften und Deiner Umwelt. Möchtest Du Deine gegenwärtige Situation verändern, steht Dir dafür ein sehr großer Hebel bereit, nämlich Du selbst. Damit Du diesen Hebel bewusst nutzen und ansetzen kannst, musst Du Dich selbst kennen. In der praktischen Umsetzung ist hier aber oftmals der Haken, weil Du immer wieder in die gleichen Spannungsfelder gerätst und Dir selbst im Wege stehst. Durch das Training von Selbstwahrnehmung und Selbstreflexion bekommst Du mehr Klarheit über Dich selbst. Dabei versuchst Du auf folgende Fragen Antworten zu finden:

- Welche Eigenschaften habe ich?
- Wie sehen in bestimmten Situationen meine Gedanken, Emotionen und Verhaltensweisen aus?
- Warum ist die Reaktion meines Umfeldes auf mich immer gleich?
- An welchem Punkt stehe ich gerade?
- Was bringt es mir, wenn ich mich in bestimmte Situationen hineinbegebe?
- Was ist mein Herzenswunsch und was möchte ich tatsächlich?
- Auf welche Art und Weise muss ich reagieren und agieren, wenn ich Situationen verändern will?

Jeder Pilot muss sein Flugzeug genau kennen. Dabei geht es nicht nur um Eigenschaften und Verhaltensweisen, sondern besonders um das Zusammenspiel mit der Umwelt. Jeder Pilot bestimmt immer wieder die Position neu und analysiert das Flugzeug und die Umwelt, damit er sicher und möglichst planmäßig den Zielflughafen erreicht.

Eine wichtige Voraussetzung ist die Selbstwahrnehmung und die Selbstreflexion, um das eigene Leben in Richtung Zielerreichung zu steuern. Du bekommst über Dich damit die nötigen Informationen an die Hand, um Dein Leben selbst zu navigieren und Dein eigener Pilot zu sein.

Glaubenssätze und Blockaden, die Dich und Deine Anziehung behindern

Glaubenssätze und Blockaden sind keine Dinge, die ganz automatisch zu einer Person dazugehören. Gerade die Blockaden, durch die Hilflosigkeit oder wertlos fühlen entsteht, sehen Psychologen als ein „Ur-Problem des Selbst“. Für unsere Zweifel gibt es meist keinen rationalen Grund. Es fällt immens schwer, uns selbst als wertvollen Menschen zu akzeptieren und mit Überzeugungskraft uns selbst zu stabilisieren.

Glaubenssätze und Blockaden entstehen aus negativen Suggestionen

Deine Glaubenssätze sind dafür verantwortlich, wie Du Deine Umwelt bewertest und wie Du auf Situationen oder Ereignisse reagierst. Da es sich dabei um tief in Deinem Geist verankerte Gedanken handelt, stellen sie für Dich die Wahrheit, die Realität dar. Immer und immer wieder denkst Du Deine Glaubenssätze, ohne dass Du Dir in den meisten Fällen dessen bewusst bist. Die Glaubenssätze haben sich durch Erfahrungen, Deine Erziehung und Erlebnisse in Deinen Gedanken festgesetzt. Eltern, Freunde, Bekannte und Lehrer haben zur Verstärkung beigetragen und von Kindesbeinen bis zum Lebensende darauf Einfluss genommen.

Gemäß einer Studie der Harvard-Universität hört ein Mensch bis zum 18. Lebensjahr mehr als 180.000 negative Suggestionen. Oft genug wiederholen sie sich und manifestieren sich beim Menschen als Glaubenssätze. Bei jedem Menschen gibt es einen Bereich, der von negativen Suggestionen belastet ist. Darum wird in diesem Bereich ganz fest daran geglaubt, dass das so und nicht anders ist. Aussagen wie „Männer weinen nicht", „Frauen sind die schlechteren Autofahrer" oder „Du bist langsam und dumm" sind der Grund für Deine Selbstzweifel. Haben sich die Glaubenssätze erst einmal manifestiert, wirst Du diese so einfach nicht mehr los.

Fest verankerte Glaubenssätze führen Dich in unerwünschte Bahnen

Du kennst sicherlich Situationen, in denen Du nach einer Bestätigung der eigenen Glaubenssätze suchst. Das begründet sich darauf, dass Du gerne recht haben möchtest. Dieses meist unbewusste Verhalten führt dazu, dass bestimmte Gedanken immer mehr erhärtet werden. Vergleichen kannst Du das mit einem Tisch. Dein Glaubenssatz ist die Tischplatte und jedes Tischbein stellt eine Bestätigung von außen dar, die Deine Meinung untermauert. Je mehr Tischbeine Du hast, desto fester verankert ist Dein Glaubenssatz. Besonders kritisch ist das zum Beispiel im Berufsleben, wenn Du Dir über Deinen Beruf eine einschränkende Ansicht gebildet hast. Ein Verkäufer kann zum Beispiel mit blockierenden Glaubenssätzen nicht motiviert und optimistisch vorgehen, um etwas zu verkaufen. Wenn Du als Verkäufer denkst, dass der Markt nicht mehr das ist, was er einmal war, wirst Du auf Dauer nicht erfolgreich verkaufen können. Hinderliche Glaubenssätze sind sogar in der Lage, Dein Leben in unerwünschte Bahnen zu lenken. Wenn sich bei Dir der Glaubenssatz festgesetzt hat, „Geld ist schmutzig“, wirst Du niemals zu Reichtum kommen.

Glaubenssätze können auch beflügeln

Es gibt nicht nur die Glaubenssätze, die Dich ausbremsen, sondern auch solche, die eine beflügelnde Wirkung haben. Hast Du positive Gedanken in Form von „Ich erreiche mein Ziel“, „mein Schritt in die Selbstständigkeit führt mich zum Erfolg“ oder „ich habe ein Produkt, das sich gut verkaufen lässt“, dann bist Du mit dieser positiven Denkweise garantiert erfolgreicher. Siehst Du Geld als etwas Positives, wirst Du davon immer genug haben. Wenn Du es schaffst, Deine negativen Gedanken, die aus Glaubenssätzen resultieren, zu erkennen und schaffst Du es, diese umzuformulieren, kommst Du Deinem Ziel deutlich näher. Hilfreich sind dabei Impulse von außen, weil viele Menschen von ihren inneren Blockaden und Glaubenssätzen gar nichts wissen.

Selbstreflexion und eine realistische Selbstwahrnehmung fördern den Erfolg

Deine Gedanken und Deine Glaubenssätze bestimmen darüber, wie Deine Zukunft aussehen wird. Immer wieder siehst Du die Dinge, die Dir nicht gelungen sind. Was Du aber übersiehst ist, dass Du durch Selbstreflexion vieles verändern kannst und eine realistische Selbstwahrnehmung bekommst. Wichtig ist aber, dass Du dabei die wertvollen Potenziale und die Ressourcen vollständig nutzt und nicht außen vorlässt.

Wenn Du Dich fragst, warum es mit dem Gesetz der Anziehung in Bezug auf Deinen Erfolg nicht funktioniert hat, kann das daran liegen, dass die eingenommene Perspektive zu Deinen Fähigkeiten und Eigenschaften noch nicht stimmt.

Zitat: „Es gibt keinen hoffnungslosen Zustand. Jeder einzelne Umstand deines Lebens kann sich ändern.“ **Rhonda Byrne**

Der Schlüssel zu Erfolg und Glück – Selbstliebe und Selbstvertrauen

Nur wenn Du Dich selbst liebst, hast Du die Fähigkeit, andere Menschen zu lieben und diesen offen gegenüberzutreten. Genauso kannst Du nach dem gleichen Prinzip Dein Selbstvertrauen bewerten. Nur wenn Du Dir selbst vertraust und Dinge zutraust, kannst Du erfolgreich sein. Gleichzeitig sorgst Du dafür, dass andere Menschen Dir vertrauen und etwas zutrauen. Bereits in Kindertagen wird der Grundstein für Erfolg im Allgemeinen gelegt.

Im Stadium der kindlichen und jugendlichen Entwicklung ist dieser noch nicht manifestiert, sodass immer die Möglichkeit gegeben ist, an den Eigenschaften und den Fähigkeiten zu arbeiten. Du kannst mehr Selbstvertrauen entwickeln.

Auf diesem Weg der Entwicklung kannst Du erfolgreicher werden. Die Grundlage dafür ist die Selbstreflexion. Dabei hinterfragst Du Dich und gehst offen und ehrlich mit Dir um. Es wird weder nur das Schlechte gesehen, noch in höchstem Maße sich selbst gelobt und auch die eigenen Schwächen nicht unter den Tisch gekehrt. Richtig liegst Du, wenn Du ein gesundes Mittelmaß wählst. Damit öffnest Du Dir das Tor zu dem vor Dir liegenden Weg, der Dich zu Erfolg und Glück führt.

Glück, Erfolg und die Wunscherfüllung – ein Rückblick in Vergangenes ist essenziell

Das hört sich fast wie ein Gleichnis, eine Übertragung oder Metapher an. Doch dabei handelt es sich grundsätzlich um einen wichtigen Aspekt. Nur wenn Du Dir Deine Vergangenheit anschaust und daraus lernst, kann sich in der Zukunft Erfolg und Glück einstellen. Explizit geht es darum, dass Du Deine bisherigen Erfolge und auch Deine Niederlagen betrachtest und daraus ein Resümee ziehst.

Das gelingt Dir hervorragend, wenn Du eine Checkliste anfertigst. Dort schreibst Du täglich auf, was an diesem Tag besonders gut funktioniert hat, was Du alles geschafft hast und was heute nicht so gut gelaufen ist. Wenn Du Dir Deine aufgeschriebenen Punkte anschaust, schärfst Du Deine Selbstwahrnehmung. Du erkennst, dass Du einige Ziele bereits erreicht hast und bei anderen auf einem sehr guten Weg bist.

Ein menschlicher Charakterzug ist, dass weniger selbstbewusste Personen ihre Erfolge oftmals kleindenken, während die Misserfolge wie eine schwere Last auf den Schultern getragen werden. Schaue zurück in die Vergangenheit und nutze dabei eine positive Denkweise. Keinem Menschen gelingt alles, keiner ist perfekt oder unfehlbar. Fehler machen ist nicht falsch oder schlecht. Vielmehr dienen sie dazu, um daraus zu lernen und fortwährend besser zu werden. Das geht aber nur mit dem Eingeständnis, dass Du auch Schwächen hast und genauso einen offenen Umgang mit Deinen Stärken und Fähigkeiten pflegst.

Zitat: „Erkenne, dass all das sogenannte Leiden und dein Kampf, den du im Leben führst, wirklich nichts anderes als Schattenboxen ist. Du erschrickst vor Gespenstern, Reflexionen im Spiegel Deiner Existenz." **Bashar**

Die essenzielle Grundlage von erfolgreichen und glücklichen Menschen

Die essenzielle Eigenschaft von erfolgreichen und glücklichen Menschen ist ihre Motivation. Wenn Du morgens früh aufstehst, Dich auf dem Weg zur Arbeit über den Stau ärgerst oder Dir bereits zu früher Stunde Gedanken über den nachmittags anstehenden unerquicklichen Kundentermin machst, ist Deine Motivation dahin. Das Leben lässt sich nicht in allen Bereichen genau durchplanen und es wird immer Situationen geben, in denen Du von einem gradlinigen Verlauf abweichen musst. Hast Du eine positive, optimistische Denkweise, siehst Du Planänderungen als Vorteil. Für Pessimisten stellt das einen persönlichen Nachteil dar. Daraus erwachsen Ängste und negative Emotionen.

Zeige Dir immer wieder auf, was gut und was weniger gut in der Vergangenheit gelungen ist. Jetzt kannst Du analysieren, warum die eine Sache besser funktioniert und die anderen nicht zum gewünschten Erfolg geführt hat. Das geht sehr gut mit diesen Was-Fragen:

- Was hast Du bereits für Ziele erreicht?
- Was ist weniger gut gelaufen?
- Was für Verbesserungen kannst Du vornehmen?
- Was sind Deine ganz persönlichen Stärken?
- Was liefert den Antrieb in der Zukunft für Deine Motivation?

Wenn Menschen sich mit sich selbst und anderen beschäftigen, wird sich ausschließlich an den positiven Eigenschaften orientiert. Diese einseitige Orientierung führt dazu, dass die Selbstwahrnehmung an Authentizität verliert. Eine andere Person kann immer eine Sache besser als Du selbst. Schau Dir an, welchem Denkansatz Du folgst. Diese Struktur zieht sich durch Dein ganzes Leben.

Bei der Selbstreflexion geht es nicht darum, dass Du Dich mit anderen Menschen vergleichst. Der Begriff setzt sich aus „Selbst“ und „Reflexion“ zusammen und bringt zum Ausdruck, dass Du Dich selbst ehrlich reflektierst, dabei aber nicht zu streng mit Dir selbst bist.

Menschen, die Erfolg und Glück anziehen, nutzen einen Fragenkatalog, den Du auch nutzen kannst, genauso wie die „Was-Fragen". Bei diesen „Warum-Fragen" gehst Du genauso vor. Stell Dir zum Beispiel die Frage:

- Warum hast Du Dein Tagesziel heute nicht erreicht?
- Warum bist Du nicht glücklich?
- Warum gelingt es Dir nicht, an Dich selbst zu glauben?
- Warum hast Du keinen Erfolg?

Die Antworten auf die Fragen wirst Du schnell ausfindig machen. Suche sie aber nicht in Deinem Umfeld. Du findest die Antworten auf alle Fragen in Deinem Innersten und wirst schnell erkennen, welche Verbindung zwischen Deinem Lebensgefühl, Deinen Eigenschaften und dem Erfolg besteht.

Hinterfrage Dich selbst

Möchtest Du die Selbstreflexion nutzen, musst Du dazu bereit sein, Dir persönlich wichtige Fragen zu stellen. Du solltest nicht darauf warten, dass Dein Umfeld Dir diese Fragen stellt. Sich selbst zu reflektieren ist ebenfalls eine essenzielle Methode, um Deine Fähigkeiten, Stärken, Schwächen und Deine Position im Leben ausfindig zu machen. Nur mit einer Selbstwahrnehmung, die ehrlich und authentisch ist, wirst Du herausfinden

- wer Du tatsächlich bist,
- was Du Dir tatsächlich wünschst,

- worauf es Dir in Deinem Leben ankommt,
- welche Ziele Du erreichen wirst und
- wie Du dabei vorgehen möchtest.

Du bist die einzige Person, die ganz tief in Dein Inneres schauen, Blockaden und Glaubenssätze erkennen und diese auflösen kann. Wenn Du regelmäßig die Selbstreflexion nutzt, lernst Du aus den gemachten Fehlern und es stellt sich Kompromissbereitschaft ein. Bist Du kompromissbereiter, wirkt sich das positiv auf Deine Eigenschaften aus, gerade im Umgang mit anderen Menschen. Du kannst zu Deinen Fehlern stehen, über Dich selbst lachen und Kritik annehmen. Hast Du diese Fähigkeit nicht oder schämst Du Dich sogar für einen Fehler und verschwendest Du wichtige Ressourcen auf die Vertuschung, lässt Du wichtige Chancen an Dir vorbeiziehen, um Dich neu zu orientieren und den Erfolg und das Glück anzuziehen.

Positive Gedanken lassen keinen Platz für negative Gedanken. Das ist das Geheimnis von vielen erfolgreichen Menschen. Denk einmal darüber nach, ob Du in einem glücklichen Augenblick jemals negative Gefühle wie Neid, Wut oder Hass empfunden hast. Schnell wirst Du feststellen, dass es niemals zu negativen Emotionen gekommen ist. Das ist eine wichtige Erkenntnis und damit hast Du in der Selbstreflexion einen wichtigen Schritt in die richtige Richtung gemacht. Du hast erkannt, dass Du niemals gleichzeitig glücklich und unglücklich sein kannst.

Wichtig ist, die Annahme dieser Erkenntnis, die Du unbedingt in Deinem Innersten verankern solltest. Wenn Selbstzweifel oder Zweifel an einer anderen Person aus Deinem Umfeld auftauchen, nutze die gemachte Erkenntnis und denke positiv. Durch die Selbstreflexion pflegst Du einen offeneren Umgang mit Dir und mit den Menschen in Deinem Umfeld. Auch wenn Dir das am Anfang schwerfällt. Gute Eigenschaften wie soziale Kompetenz, Kritikfähigkeit, Selbstbewusstsein und Selbstannahme kannst Du erlernen. Sie bekommst Du nicht von vorneherein auf Deinen Lebensweg mitgegeben.

Anstelle von einer strikten Richtung flexibel bleiben

Auch wenn Du vielleicht denkst, dass Dein Lebensweg vorgezeichnet und die Richtung festgelegt ist, gibt es dafür keinen wirklichen Grund. An 365 Tagen im Jahr hast Du 24 Stunden die Möglichkeit, Veränderungen herbeizuführen. Du kannst Dich, Deine Wünsche und Ziele jeden Tag neu definieren, an veränderte Gegebenheiten oder aktuelle Wünsche anpassen. Die Selbstreflexion ist ein probates Mittel für eine bessere Selbstwahrnehmung. Du weißt genau, wo der Fehler liegt und warum er passiert ist. Hieraus kristallisiert sich erst die Chance, einen Richtungswechsel vorzunehmen und neue Wege zu gehen. Selbst wenn dieser Weg ins Unbekannte führt und die ersten Schritte nicht leicht fallen, wartet am Ende als Belohnung für Deine Mühe und Deinen Mut zur Selbstreflexion der Erfolg.

Die Basis der Neuausrichtung ist Distanz zu schaffen

Es gibt ein ultimatives Erfolgsrezept, um das Gesetz der Anziehung für sich selbst zu nutzen. Vielmehr geht es darum, dass Du für Dich selbst eine Entscheidung triffst. Du möchtest Erfolg, Geld, Liebe, Glück und Gesundheit anziehen? Dann solltest Du wissen, dass Du Dich jeden Tag dazu entscheiden kannst, Dich selbst und Dein eigenes Leben neu zu konstruieren. Lerne Dich selbst genauer kennen. Das gelingt Dir, wenn Du in Dich hineinhörst und herausfindest, welche Stärken und Schwächen Du hast und mit welchen positiven und negativen Eigenschaften Du aufwartest. Dein Leben muss nicht auf den Prägungen aus Deinem Elternhaus oder der Schule basieren.

Veränderungen und eine Neuorientierung erreichst Du mit der Bereitschaft, Glaubenssätze aufzugeben, Blockaden zu lösen und neue Wege zu gehen. Die Ängste, die Deine Prägung und damit verbundene Glaubenssätze hervorrufen, sind die Hürden, die Dich daran hindern, endlich Deine Ziele zu erreichen, Dir Deine Wünsche zu erfüllen sowie Glück, Erfolg, Liebe, Gesundheit und Geld anzuziehen. Niemand anderes als Du selbst kann die Veränderung herbeiführen. Genauso wenig können anderen Menschen Dich dabei unterstützen, Dich selbst mit all Deinen Facetten zu sehen und daraus zu lernen. Das kannst Du nur selbst und so gelingt es Dir, das Buch Deiner Zukunft umzuschreiben und das Gesetz der Anziehung für Dich zu nutzen.

Das richtige Rüstzeug

Zum Rüstzeug für Veränderungen gehört in erster Linie die entscheidende Einstellung beziehungsweise das nötige Mindset. Es gibt aber noch weitere wichtige Säulen, damit Du es schaffst, Dein Leben in eine andere Richtung zu lenken, damit Du Deine Ziele erreichst und Deine Wünsche in Erfüllung gehen. Dazu gehören:

- die Vorstellung Deiner Möglichkeiten,
- Affirmation,
- Vertrauen und ein unerschütterlicher Glaube,
- Dankbarkeit,
- Manifestation.

Das passende Mindset

Dein bisheriges Mindset beruht auf einschneidenden Erfahrungen und Erinnerungen, die in Deinem Unterbewusstsein schlummern. Sie können heute noch eine sehr große Wirkung haben und Dir dabei im Wege stehen, um Veränderungen herbeizuführen und endlich Dein Leben in die gewünschte Richtung zu lenken. Mit dem richtigen Mindset gelingt es Dir, alte Blockaden und hinderliche Glaubenssätze aufzulösen.

Doch was ist Mindset überhaupt?

Mindset lässt sich auf vielfältige Weise ins Deutsche übersetzen und deuten. Allgemein betrachtet kann eine Deutung folgendermaßen gestaltet sein:

- Lebensphilosophie,
- Denkweise,
- Einstellung,
- Haltung,
- Orientierung,
- Gesinnung,
- Weltanschauung,
- Mentalität.

Deine Einstellung und Denkweise zu einem bestimmten Thema hat großen Einfluss auf Deinen Handlungen und Empfindungen. Es gibt einen wechselseitigen Zusammenhang, der durch die gemachten Erfahrungen geprägt ist. Es sind nicht nur die negativen Gedanken und Deine Einstellung, die Deinem Erfolg, dem Erreichen Deiner Ziele im Wege stehen und Zweifel hervorrufen. Auch Deine positiven Erfahrungen gehören dazu, die Du in bestimmten Bereichen gemacht hast. Sie haben Dich gestärkt und ermutigt.

Vielleicht hast Du in Deiner Schulzeit einen Vortrag halten müssen und hast Dich dabei total verzettelt und es kam zu Gelächter und großem Unmut. Diese Situation begleitet Dich heute immer noch und überschattet Deine Denkweise, wenn

Du heute vor vielen Menschen zum Beispiel bei einer Tagung sprechen musst. In Deinen Gedanken hat sich der Glauben manifestiert, dass Du ein schlechter Redner bist.

Hättest Du damals andere Erfahrungen gemacht, würde es Dir heute nicht schwerfallen, vor anderen zu reden. Es gibt eine Vielzahl von Beispielen, durch die Blockaden entstehen und Zweifel in Dir hervorrufen. Eine positive Erfahrung hätte Dein Selbstbewusstsein gestärkt. Mit einem gestärkten Selbstbewusstsein erkennst Du Deine Fähigkeiten und Du kannst diese zielgerichtet einsetzen. Das eigene Mindset ist wie ein Filter, der gemäß Deiner eigenen Prägung im Hintergrund Deine Umgebung bestimmt und gleichzeitig die eigenen Möglichkeiten sondiert.

Jetzt stellt sich allerdings die Frage, ob negative Erfahrungen zwangsläufig dazu führen, dass Du nicht erfolgreich und glücklich bist. Oder beruht Deine eigene Einstellung auf einer Situation, die Du erlebt hast, mit der Du Dich nicht mehr auseinandersetzen möchtest.

Die Psychologin Carol Dweck beschäftigt sich in der Hauptsache mit der Motivation. Sie hat aber in Studien eine interessante Theorie aufgestellt. Dieser Annahme zufolge gibt es zwei Arten von Mindsets. Ihrer Meinung nach gibt es das Fixed Mindset, das unflexible, starre und andererseits das Growth Mindset, das dynamisch und wachstumsorientiert ist.

Diejenigen, die zur Fixed Mindset Kategorie gehören, gehen davon aus, dass bestimmte Fähigkeiten angeboren und als Talent zu sehen sind. Scheitern sie an einer Aufgabe oder in einer Situation, führen sie das auf mangelnde Begabungen und Talente zurück.

Menschen, die zur Kategorie Growth Mindset gehören, haben hingegen die feste Überzeugung, dass sie mit dem richtigen Einsatz alles erreichen können. Eine solche Denkweise vermindert nicht nur Stress, sondern sorgt gleichzeitig für mehr Erfolg.

Auswirkungen des Mindsets

Studien von Dweck haben gezeigt, dass Menschen, die in der Kindheit häufig für ihre Intelligenz gelobt wurden, ein starres Mindset entwickelt haben, im Gegensatz zu den Menschen, die für ihre Anstrengungen gelobt wurden. Sie tendieren zu einem dynamischen Mindset. Doch wie stellen sich Menschen mit einem starren und einem dynamischen Mindset dar?

Menschen mit einem Fixed Mindset

- vermeiden Herausforderungen, wenn diese eine Niederlage bedeuten könnten.
- Sie können nur schwer mit Niederlagen umgehen und versuchen, Fehler zu verbergen.
- Sie sind davon überzeugt, dass sie nur auf einem Gebiet eine Begabung, eine Fähigkeit besitzen.
- die negativen Glaubenssätze werden immer wiederholt.

Menschen mit einem Growth Mindset

- sind wissbegierig, neugierig, offen und lassen keine Chance aus, etwas Neues zu lernen und Wissen zu erlangen.
- wissen genau, dass sie sich anstrengen müssen, um ein bestimmtes Ziel zu erreichen.
- sehen Fehler und Niederlagen als einzigartige Chance, etwas zu verändern und lernen daraus.
- kennen die eigenen Schwächen und arbeiten daran.
- sehen Herausforderungen als Lebenselixier.
- haben eine offene Einstellung gegenüber neuen Wegen, Herausforderungen und Erfahrungen.

Menschen mit einem Growth Mindset wenden mehr Energie auf, um im Leben etwas zu erreichen und Veränderungen herbeizuführen, auch wenn dabei Niederlagen meist unumgänglich sind. Solche Menschen glauben nicht, dass sie hochbegabt sind. Sie haben aber die Überzeugung, dass sie das Beste aus sich herausholen können, wenn sie zielgerichtet daran arbeiten.

Dein persönliches Mindset

Fehlender Erfolg, fehlendes Glück, wenig Geld, eine angeschlagene Gesundheit und unerfüllte Liebe lasten schwer auf Deinen Schultern. Hast Du Dir schon einmal die Frage gestellt, in welchen Bereichen Du erfolgreich sein möchtest?

- im Job?
- in der Liebe?
- beim Sport?

Menschen, die glücklich und erfolgreich sind, wissen genau, dass sie sich weiterentwickeln und für neue Erfahrungen offen sein müssen. Und sie machen das sogar gerne.

Solche Menschen kannst Du als Vorbild nehmen, um Dein neues Mindset zu finden und Deine Denkweise und Einstellung in eine positive Richtung zu lenken. Es gibt genug Menschen, die ähnliche Erfahrungen gemacht und alte Glaubenssätze und Blockaden abgelegt haben. Sie haben das Wissen darum, dass Stillstand den sicheren Tod bedeutet und begonnen, sich vorwärtszubewegen.

Natürlich können bestimmte Wesenszüge wie beispielsweise Sensibilität bei Fehlentscheidungen hinderlich sein und dazu führen, dass Du eine gewisse Denkweise entwickelst. Doch gemäß Dweck hast Du die Möglichkeit, die Denkweise mit Interaktionen zu beeinflussen. Indem Du Dich Deinen negativen Gedanken und Ängsten stellst, reduzierst den Druck und ihre Kraft. Du erfährst neue Dinge über Dich selbst, entdeckst bisher unbekannte, verborgene Fähigkeiten und pflegst einen besseren Umgang mit Dir selbst und Deinem Umfeld. Du kannst klar, deutlich, offen und ehrlich kommunizieren.

Eine Änderung des persönlichen Mindsets ist ein Vorgang, der sich mit folgenden Anregungen herbeiführen lässt:

- Öffne Dich für Neues und nimm die Herausforderungen an. Übe den Umgang mit Niederlagen. Es wird nichts so heiß gegessen, wie es gekocht wird. Menschen machen Fehler und genauso gehören Rückschläge zum Leben. Wenn Du etwas im Leben erreichen möchtest, musst Du aktiv werden. Das umfasst nicht nur die Bereitschaft, etwas Neues zu lernen, sondern auch neue, vielleicht unbekannte Wege zu beschreiten. Funktioniert etwas nicht auf die gewählte Weise, hast Du immer noch eine oder sogar mehrere andere Optionen.
- Sei geduldig und höre damit auf, Dich selbst mit negativen Glaubenssätzen zu beschneiden. Floskeln wie „Ich kann das nicht" solltest Du aus Deinem Wortgebrauch eliminieren. Vielleicht fehlt ja nur ein Erkenntnisbaustein, damit Du die Aufgabe bewältigen kannst. Mit der richtigen Einstellung, mehr Selbstbewusstsein, Selbstvertrauen und Selbstliebe stehen die Chancen sehr gut, dass Du zukünftig Deine gesteckten Ziele erreichst.
- Stelle Dich den Herausforderungen, die an Dich gestellt werden und mache das Beste daraus. Lasse Dich nicht von Deinen negativen Gedanken beeinflussen. Denke positiv und zeige Dir das Bild auf, wenn Du Dein Ziel erreicht hast. Der Stresslevel wird sinken und Du empfindest weniger Angst gegenüber den Widrigkeiten, die vielleicht bei der Wunscherfüllung auftreten können.

- Stelle an Dich sich selbst nicht zu perfektionistische Ansprüche, auch wenn immer Verbesserungsmöglichkeiten vorhanden sind. Eine gute Orientierung ist das Pareto-Prinzip. Trainiere Deine Fähigkeiten und erweitere Dein Wissen.
- Lerne mit Niederlagen und Rückschlägen richtig umzugehen. Sie gehören zum Leben dazu. Eine positive Denkweise hilft Dir dabei, Deine Wünsche, Ziele und Vorstellungen klarer für Dich selbst zu formulieren. Rückschläge und Niederlagen resultieren oftmals daraus, weil Du in Deinen Gedanken ein falsches Bild erzeugt hast.

Dein Herzwunsch

Als Kind hast Du sicher zahlreiche Träume und Wünsche gehabt. Als Du klein warst, ist es Dir sehr leicht gefallen herauszufinden, was Du von Deinem Leben erwartest. Deine Träume und Wünsche hast Du ohne Hemmungen jedem mitgeteilt. Du hast gesagt, wie Du Dich fühlst, was Du denkst und was Du willst. Dafür hast Du Dich nicht geschämt und auch nicht darüber nachgedacht, ob Deine Träume und Wünsche überhaupt in Erfüllung gehen können. Du hast die tollste Vorstellung von Deinem Leben gehabt und nicht über negative Folgen nachgedacht.

Das Bewusstsein und Unterbewusstsein entwickeln und erweitern sich in dieser Zeit sehr stark. Das geht solange, bis Du in Deiner Umgebung alles wahrnehmen und selbständig über Dich und die Welt nachdenken kannst. Den Zustand der sogenannten Bewusstseinsentwicklung aus Deiner Kindheit kannst Du Dir ähnlich wie eine Hypnose vorstellen, in der Du sehr empfänglich für jede Art von äußeren Einflüssen durch Deine Eltern, Freunde und die Umgebung im Allgemeinen bist. Auf Dich strömen positive und negative Einflüsse ein.

Sie programmieren Deine Gedanken und Dein Unterbewusstsein. Die negativen Einflüsse werden zu Blockaden, die Dich an der Wunscherfüllung hindern und dem Erreichen von Zielen im Wege stehen. Du kannst aber auch im Erwachsenenalter Dein Unterbewusstsein beeinflussen. Darum ist es essentiell, dass Du Deine Wünsche und Deinen ganz besonderen Herzenswunsch herausfindest und Dich fragst, was Du wirklich im Leben willst.

Möchtest Du Deinen Herzenswunsch herausfinden, solltest Du nicht darüber nachdenken, welche Hindernisse der Verwirklichung im Wege stehen. Verschwende keine Gedanken darauf, ob Du gut genug bist, ob Du es verdient hast oder wie viel Zeit es in Anspruch nimmt, um Deinen Traum zu verwirklichen. Solche Gedanken sorgen für ein verfälschtes Ergebnis. In 95 Prozent der Fälle ist das Ergebnis das Resultat aus richtig gesetzten Zielen. Die richtige Zielsetzung kannst Du durch Deine Träume ermitteln.

Bei der Erfüllung des Herzenswunsches werden von vielen Menschen falsche Ziele gesetzt. Das begründet sich darauf, weil sie ihren Herzenswunsch und die damit verbundenen Träume gar nicht herausgefunden haben. Darum ist der erste Schritt, den Du machen musst, das Herausfinden Deiner wahren Wünsche und Träume. Es reicht nicht, wenn Du das einmalig machst, sondern immer und immer wieder. Anschließend kannst Du Dir Gedanken darüber machen, was sinnvoll ist oder nicht.

Notiere Dir Deine Wünsche und Träume, ohne darüber kritisch nachzudenken oder zu urteilen. Wenn Du auf diese Weise verfährst, findest Du Deine jetzigen Wünsche und Träume heraus. Damit bekommst Du das, was Du willst, direkt an die Hand. Ermittele nun Deine damit verbundenen Werte und setze Ziele. Male Dir in Deinen Gedanken die buntesten Bilder und empfinde dabei positive Gefühle.

Ein unerschütterlicher Glaube

Der Glaube ist die Basis, der wertvolle Boden, aus dem der Baum wächst, der Früchte wie Erfolg, Gesundheit, Glück, Liebe und Reichtum trägt. Es besteht eine enge Verbindung mit Eigenschaften wie Selbstwertgefühl und Selbsteinschätzung. Die Grundlagen dafür wurden in Deiner Kindheit gelegt. Wie es um Dein Selbstwertgefühl und Deine Selbsteinschätzung bestellt ist, begründet sich auf Deinen Glaubenssätzen, die aus Deiner Kindheit stammen.

Hast Du als Kind immer wieder gehört, dass Du dumm bist und aus Dir nichts wird, hat sich dieser Glaube in Dir und Deinen Gedanken manifestiert. Das sorgt dafür, dass Du immer scheitern wirst, egal was Du anfängst oder was passiert. Diese Gedanken halten Dich davon ab, neue Wege zu beschreiten. Hast aber einen unerschütterlichen und starken Glauben an Dich selbst, eröffnen sich Dir neue Chancen, um Dein Leben zu verbessern und Dinge anzuziehen, auch wenn Du dafür Risiken eingehen musst.

Vertrauen

Es gibt zahlreiche gute Gründe, warum Du Dir selbst Vertrauen schenken solltest. Grundsätzlich geht es dabei um mehr Selbstvertrauen zu erlangen. Dafür musst Du kein besserer Mensch werden, sondern nur die Glaubenssätze und alten Blockaden in Deinen Gedanken herausfinden. Wenn Du erkennst, was Dich ausbremst und Dir im Wege steht, kannst Du explizit daran arbeiten. Es gehört ein wenig Mut dazu, wenn Du Deine bisherige Komfortzone verlassen und Dich neuen Herausforderungen stellen willst.

Doch genau diese neuen Herausforderungen sind es, die das Vertrauen in Dich selbst stärken und dabei helfen, Deine eigene Erfolgsgeschichte zu schreiben. Mit einem starken Vertrauen darauf, dass Du Dein Ziel erreichen wirst, kannst Du grundsätzlich Bäume versetzen. Um das Vertrauen in Dich selbst zu stärken, solltest Du nicht nach den Sternen greifen, sondern realistische Pläne schmieden. Ansonsten wird jedes Vorhaben zum Misserfolg. Vertrauen in Dich selbst lässt sich aufbauen, indem Du erreichbare Ziele setzt, die Du auch wirklich umsetzen kannst. Große Ziele unterteilst Du in Zwischenziele, damit das Vertrauen in Dich nicht ins Wanken gerät und weiter ausgebaut werden kann.

Kommen Gedanken auf, dass Du das Ziel eh nicht erreichen wirst, hinterfrage diese Gedanken und überprüfe die daraus resultierenden Selbstzweifel auf ihren Wahrheitsgehalt. Schnell wirst Du feststellen, dass Deine Selbstzweifel völlig übertrieben sind und Du Dir ruhig vertrauen kannst. Grundsätzlich ist es Deine Entscheidung, ob Du Dir Vertrauen schenkst oder nicht. Betrachte Dir aber Deine Gedanken und die damit verbundenen Emotionen und finde heraus, ob diese tatsächlich zu Dir gehören oder nur aus vermittelten Glaubenssätzen herrühren. Mit dieser Erkenntnis kannst Du weiter arbeiten und das Vertrauen in Dich selbst weiter aufbauen.

Mut

Menschen, die erfolgreich sind, treffen Entscheidungen. Der eine hängt sein Jurastudium an den Nagel und gründet stattdessen ein Start-up-Unternehmen, ohne das Wissen darum, ob es wirklich laufen wird. Ein anderer kündigt seinen gut bezahlten Job, kauft sich von seinem Ersparten einen Camper, zieht als Nomade durch die Weltgeschichte und verdient sich zwischendurch Geld mit irgendwelchen Jobs. Es gehört mitunter eine Menge Mut dazu, aus den alten Gefügen auszubrechen. Das kann aber durchaus sehr befreiend sein. Auch wenn Dich Deine Familie für verrückt erklärt, solltest Du den Mut aufbringen, etwas Neues, Unbekanntes zu versuchen. Grundsätzlich bedeutet Mut nichts anderes, als dass Du Dir selbst etwas Schwieriges zutraust und Dich auf Deine Fähigkeiten verlässt.

Dankbarkeit

Menschen wie Deine Familie, Freunde, der Chef, Kollegen und weitere Personen sind für Deinen Erfolg wichtig. Denn als Einzelkämpfer wirst Du nicht erfolgreich sein. Mache Dir immer bewusst, welche Menschen für Deinen Erfolg wichtig sind und wie gut Du Dich in dieser Situation fühlst. Die aufkommende Dankbarkeit solltest Du nicht nur zulassen, sondern auch diesen Menschen zeigen, durch die Du erst erfolgreich sein kannst. Durch Gespräche mit einer vertrauten Person hast Du vielleicht eine neue Blickweise auf Dein Vorhaben bekommen, die Du bisher noch gar nicht berücksichtigt hast. Diese Informationen können das Zünglein an der Waage sein, um Erfolg zu haben. Zeige dieser Person und anderen Menschen, dass Du ihnen dankbar bist. Du musst nicht mit überschwänglichen Gesten oder mit opulenten Geschenken auftrumpfen. Es reicht, wenn Du in einfachen Worten Deine Dankbarkeit ausdrückst. Dankbarkeit kannst Du auch mit einem Lob zur richtigen Zeit oder durch Deine Unterstützung ausdrücken. Das reicht völlig aus. Die Basis Deines Erfolgs wird dadurch gestärkt, wenn Du einfach Dankbarkeit zeigst. Bringe auch Dir selbst Dankbarkeit entgegen. Denn alles, was Du bist und hast, ist keine Selbstverständlichkeit. Sie werden als selbstverständlich gesehen. Sei dankbar für das warme Bett, in dem Du jede Nacht schläfst, für den gut gefüllten Kühlschrank, für das Lächeln, dass Dir ein anderer Mensch schenkt.

Affirmationen

Hast Du gewusst, dass Du Affirmationen positiv nutzen kannst? Affirmationen lassen sich auch als Glaubenssätze beschreiben. Sie kommen meist zustimmend und bejahend zum Einsatz. In unserer Kultur sind aber leider häufig negative Glaubenssätze vorhanden. „Ich schaffe das nicht“, wird von vielen Menschen verwendet. Dabei wird den Umständen die Schuld gegeben. Auch das Universum wird beschuldigt, dass es sich gezielt gegen sie verschworen hat. Negative Affirmationen sind weder Problemlöser, noch haben sie eine Berechtigung, weil sie nicht der Wahrheit entsprechen. Daraus entstehen nur Blockaden, die verhindern, dass Du Glück, Erfolg, dir Liebe, Geld und Gesundheit anziehst.

Im Gegensatz dazu sind gerade die positiven Affirmationen, also die selbstbejahenden, zustimmenden Aussagen diejenigen, die motivierend, aufbauend und beflügelnd sein können. Das mag für Dich vielleicht wie aus einem Esoterik-Buch klingen. Dass das nicht stimmt, haben psychologische Studien wie „The Psychology of Change: Self-Affirmation and Social Psychological Intervention“ von Geoffrey L. Cohen und David K. Sherman von der Stanford Universität bewiesen.

Ein wechselseitiger Zusammenhang besteht zwischen Deinen Gedanken, Emotionen und Deinem Handeln. Wenn Du Deine Gedanken dauerhaft durch Affirmationen veränderst, dann werden sich auch Deine Gefühle und Dein Verhalten mit der Zeit verändern. Jetzt stellt sich Dir sicherlich die Frage, wie Du Affirmationen positiv für Dich nutzen kannst.

Wenn negative Affirmationen eine demotivierende Wirkung haben, ist folgerichtig Motivation das Ziel. Du musst keine besondere spirituelle Ader haben, um Affirmationen zu nutzen. Benötigt wird aber Ausdauer und eine gewisse Hartnäckigkeit. Denn die Glaubenssätze, die Du viele Jahre oder Jahrzehnte verinnerlicht hast, lassen sich nicht in kurzer Zeit oder in drei Wochen verändern. Affirmationen sind in jedem Bereich anwendbar, den Du als würdig für Veränderungen ansiehst oder der Dir wichtig erscheint. Zu den klassischen Bereichen gehören:

- Geld,
- Gesundheit,
- Beruf,
- Liebe,
- Gewichtreduzierung,
- Selbstvertrauen,
- Erfolg,
- Glück.

Um positive Affirmationen nutzen zu können, musst Du zuerst einmal vom Grundsatz her dazu bereit sein, etwas verändern zu wollen. Du brauchst einen Fokus und außerdem musst Du die Affirmation andauernd, in regelmäßigen Abständen wiederholen. Das Gelingen ist obendrein von Deiner Persönlichkeit abhängig.

Schaust Du Dich diesbezüglich in unterschiedlichen Ratgebern um, werden Dir kurze und prägnante Sätze in Ich-Form und der Gegenwart empfohlen. Mitunter ist das aber nicht für jeden passend. Wenn Du zum Beispiel Dein Gewicht reduzieren möchtest, ist die Affirmation „ ich bin sportlich und schlank" eher unpassend und fernab der Realität.

Eine Formulierung ausfindig zu machen, die Deinen Emotionen sehr nahe kommt und trotzdem positiv ist, ist dabei der Trick. Das kannst Du erreichen, wenn Du die Affirmation zum genannten Beispiel auf diese Weise formulierst: „Jeden Tag werde ich dünner und sportlicher." So kannst Du Skepsis ausschalten, die Nahrung für Deine alte, negative Affirmation ist und anstelle dessen Zuversicht zum Ausdruck bringen.

Auch bei Problemen funktionieren Affirmationen. Was Du immer vermeiden solltest, sind Worte wie „kein" oder „nicht". Von Deinem Gehirn können Verneinungen nicht verarbeitet werden. Wenn Dir jemand sagt, dass Du Dir den Kopf nicht über ein bestimmtes Problem machen sollst, denkst Du garantiert an nichts anderes als an das bestimmte Problem. Hierbei ist der Trick, dass Du Dir auch das Ziel vorstellst, also das gelöste Problem. War Dein ursprünglicher Gedanke: „Zurückhaltend will ich nicht mehr sein", dann kannst Du diese negative Affirmation folgendermaßen umformulieren: „Ich will selbstbewusster sein" oder „ich will mit mehr Selbstbewusstsein auftreten."

Gehörst Du zu den Menschen, die eher rational denken, kann es für Dich schwierig sein, von jetzt auf gleich eine positive und entspannte Stimmung zu erreichen. Das richtige Setting kann Dich dabei unterstützen. Wähle eine Umgebung, in der Du ungestört bist und zur Ruhe kommmen kannst. Meditation oder entspannende Musik können Dich dabei zusätzlich unterstützen.

Ziele setzen und bestimmen

Ganz gleich, welches Ziel Du Dir setzt und erreichen willst, ob Glück, Liebe, Geld, Erfolg, Gesundheit, Karriere oder einen schlanken Körper. Das Wichtigste ist immer, dass Du Dir nicht zu viel gleichzeitig vornimmst und gleich mehrere Ziele auf einmal erreichen möchtest. Bei der Bestimmung Deine Ziele solltest Du schauen, was Du jetzt in diesem Moment oder in der Zukunft erreichen willst. Konzentriere Dich dabei auf die wesentlichen Dinge. Denn nur so kannst Du Deine Motivation und Disziplin aufrechterhalten.

Wie jeder andere auch hast Du garantiert viele unterschiedliche Wünsche, die Du verwirklichen möchtest und Ziele, die Du erreichen willst. Alles auf einmal funktioniert leider nicht. Wünschst Du Dir einen Traumpartner oder mehr Geld und Reichtum oder eine steile Karriere und mehr Verantwortung oder gesund und fit bis ins hohe Alter zu sein? Wichtig ist, dass Du Prioritäten setzt. Schaue Dir Deine Wünsche und Ziele dahingehend genau an. Was fällt Dir dabei auf? Pauschal betrachtet geht es bei allen Zielen um Erfolg und Glück! Sie alle stellen sich nur auf eine unterschiedliche Weise dar, haben aber im Resultat ein und das gleiche Ergebnis, nämlich glücklich und erfolgreich zu sein.

Jetzt kannst Du Deine vielen verschiedenen Ziele in eine Reihenfolge bringen, um sie Schritt für Schritt in Erfüllung gehen zu lassen. Hast Du Deine Ziele priorisiert, solltest Du Dich mit ihnen genauer auseinandersetzen. Hast Du Dir Großes vorgenommen, ist es ratsam, Zwischenziele zu formulieren. Diese sind einfacher zu erreichen. Dabei solltest Du aber niemals das große, gewünschte Endergebnis aus dem Auge verlieren. Mit kleinen Zwischenzielen kannst Du motiviert, diszipliniert und am Ball bleiben. Darauf kommt es am allermeisten an. Es gibt aber leider immer wieder Zeiten, in denen das Dranbleiben nicht leicht fällt. Du hast hoch motiviert angefangen. Mit der Zeit treten aber immer wieder Situationen auf, die alles infrage stellen. Dann fällt es nicht leicht, am Ball zu bleiben.

Dein Ziel weiterverfolgen ist aber unbedingt wichtig, auch wenn Du dabei immer wieder auf Gegenwind stößt und neue Hürden überwinden musst. Wirklich erstrebenswerte Dinge brauchen eben ihre Zeit, weil dafür meist größere Veränderungen und Anpassungen nötig sind. Das können zwar durchaus auch äußere Gegebenheiten sein, aber in der Hauptsache liegen sie in Deinem Inneren.

Um Veränderungen herbeizuführen, brauchst Du eine Strategie. Die beste ist, wenn Du viele kleine Schritte über einen langen Zeitraum gehst. Wenn Du diese einzelnen Schritte nach und nach mit Ausdauer vorwärtsgehst, erreichst Du auch das Endergebnis, aber mit vielen kleinen Zwischenzielen, die Dich dabei unterstützen, am Ball zu bleiben.

In allen Bereichen des Lebens bringen Dich Wiederholung und Progression letztendlich voran. Es wird nicht umsonst gesagt, dass Beständigkeit der Schlüssel zum Erfolg ist oder steter Tropfen den Stein höhlt. Disziplin und motiviert am Ball bleiben ist das, was Dich ans Ziel führt. Mit der Zeit kann aber genau das sehr schwierig sein.

Warum fällt es so schwer am Ball zu bleiben, wenn dieser Aspekt so wichtig ist? Diese Frage stellt sich wohl jeder, der Ziele erreichen will. Es gibt aber auch scheinbar Menschen, denen es gar nicht schwerfällt. Sie schaffen alles scheinbar mit Leichtigkeit, wo bei Dir große Zweifel auftauchen und das Ziel aus den Augen verloren wird. Du kannst diesen Zustand aber auch erreichen. Es wäre doch perfekt, wenn Du Dir ein Ziel gesetzt hast und alles nötige dafür machst, um dieses zu erreichen. Dabei macht Dir oftmals Dein Unterbewusstsein einen Strich durch Deine Rechnung, weil es sich strikt gegenüber Veränderungen zur Wehr setzt. Es interessiert sich an erster Stelle nur dafür, dass alles so bleibt, wie es gerade ist. Wenn Du in Deiner Komfortzone bleibst, ist alles sicher und gut und es kann nichts passieren. Das Unterbewusstsein hat aber nicht das Wissen darum, dass Dir außerhalb Deiner Komfortzone nichts passiert und es oft genug besser ist, diese zu verlassen. Da Du sie aber verlassen musst, um gewünschte Veränderungen herbeizuführen, gestaltet es sich über einen längeren Zeitraum immer schwieriger motiviert und diszipliniert zu bleiben und dafür Energie bereitzustellen.

Was musst Du machen und wie hilft Dir das Gesetz der Anziehung dabei?

Um Dein Unterbewusstsein auf Deine Seite zu ziehen, musst Du nicht nur alte Blockaden auflösen und Glaubenssätze verändern. Du brauchst einen ordentlichen Anreiz und ein paar Tricks, damit Dir das Gesetz der Anziehung hilft, Deine Ziele zu erreichen. Auf den richtigen Weg bringen Dich die nachfolgenden Maßnahmen:

Mit Deinem ausgewählten Ziel und Deinen Wünschen beschäftigen

Damit Du das Ziel erreichen kannst, musst Du Dich zuerst einmal damit auseinandersetzen. Viele Menschen sehen diesen wichtigen Grundstein aber nicht als so essenziell an. Eine gute und klare Zielformulierung hat eine hohe Priorität. Das zeigt sich auch daran, weil sich viele Wissenschaftler bereits damit beschäftigt haben.

Beschäftige Dich mit Deinen Zielen und nutze dabei die Erkenntnisse der Wissenschaft. Ein gutes Hilfsmittel ist dabei die SMART-Formel. Sie ist dabei behilflich, ein Ziel zu finden und dieses so zu formulieren, dass die Wahrscheinlichkeit recht hoch ist, dass Du das Ziel auch erreichst.

Wenn Du ein Ziel setzt, kannst Du Dich nach den Vorgaben der Formel richten. Wenn Dein ausgesuchtes Ziel die folgenden Kriterien erfüllt, ist die Chance groß, dass Du es auch erreichst:

- Spezifität,
- Messbarkeit,
- Attraktivität,
- Realismus,
- Terminierung.

Die Bestandteile der SMART-Formel sind nicht ganz frei von Überschneidungen. Du kannst sie Dir aber leicht merken und unkompliziert anwenden. Weil sie gut funktioniert, erfreut sich die Formel großer Beliebtheit.

Wie schon erwähnt, wird ein vernünftiger Anreiz benötigt. Nur so kannst Du Dein Unterbewusstsein davon überzeugen, dass es Dich auf dem Weg zur Zielerreichung unterstützt und das Gesetz der Anziehung auch bei Dir funktioniert. Das gelingt Dir, wenn Du Deinem Unterbewusstsein ein solches smartes Ziel anbietest. Zusätzlich ist hilfreich, wenn Du Dich mit Deinem Ziel immer wieder beschäftigst und es Dir in Deinen Gedanken in den schönsten Farben ausmalst. Damit sorgst Du dafür, dass es für Dich selbst und Dein Unterbewusstsein immer präsent ist. Wenn Du zudem Dein Ziel in ausdrucksvollen Bildern visualisierst, verstärkst Du die unterbewusste Anziehung deutlich.

Gezielt Veränderungen der Gewohnheiten herbeiführen

Was ist nötig, wenn Du langfristig Dein Ziel verfolgen willst? Einige denken sicherlich, dass viel Motivation gebraucht wird, während andere davon ausgehen, dass Disziplin eine wichtige Eigenschaft ist. Um diese beiden aufrechtzuerhalten, wird viel Energie darauf verschwendet. Natürlich sollte sowohl Motivation als auch Disziplin vorhanden sein. Doch ein weiterer wichtiger Aspekt sind Deine Gewohnheiten. Wenn Du bereit bist, über Deine Gewohnheiten nachzudenken und diese veränderst, fällt es Dir leichter, Dein Ziel zu erreichen und das Gesetz der Anziehung für Dich zu nutzen.

Gehst Du dabei richtig vor, kannst Du alte Gewohnheiten ablegen und durch gute und gesunde ersetzen oder sogar ganz neue Gewohnheiten schaffen. Über einen kurzen Zeitraum von wenigen Wochen musst Du dafür Disziplin und Motivation aufbringen. Dein Unterbewusstsein wird Dir anschließend auf dem weiteren Weg nicht mehr im Wege stehen.

Lege den Fokus auf den nächsten Schritt

Bei vielen stellt sich das Bedürfnis ein, zu vieles auf einmal zu wollen. Das wird zu einem großen Problem, nicht nur bei Dir selbst, sondern auch bei vielen anderen Menschen. Heute gibt es für so viele Dinge sofort eine Belohnung, wodurch Geduld eine nebensächliche Rolle einnimmt. Interessant ist aber, dass vieles auf einmal wollen auf der Angst fußt, dass Du es nicht schaffst, Dein Ziel konsequent zu verfolgen.

Es gibt allerdings eine ganz tolle Eigenschaft, die Du für Dich nutzen kannst. Gemeint ist das Fokussieren beziehungsweise den Fokus auf eine bestimmte Sache legen. Jeder Mensch ist damit ausgestattet. Konzentrierst Du Dich nicht nur auf das große Ganze, sondern auf einzelne Schritte, die Dich zum Endergebnis führen, wirst Du auch vorankommen. Jeder Schritt stellt so einen Erfolg dar und nicht erst das Erreichen des Endziels. Um Dein Ziel zu verfolgen, ist Ausdauer wichtig und nicht die Geschwindigkeit. Besser ist es, wenn Du mehr Zeit für das Erreichen Deines Ziels brauchst, als wenn Du es gar nicht erst erreichst. Schaue Dir lieber den Weg an, auf dem Du Dich gerade bewegst, anstatt die große

Weltkarte zu betrachten. Jedes erreichte Zwischenziel bringt Dich Deinem eigentlichen Hauptziel wieder ein Stück näher. Darum solltest Du die Wirkung von kleinen Veränderungen nicht unterschätzen.

Erfolge dokumentieren und das Unterbewusstsein mit Energie füttern

Für jeden Menschen sind Erfolge wichtig und darum nehmen sie auch einen solch hohen Stellenwert ein. Die eigenen kleinen Erfolge sind den meisten aber gar nicht bewusst. Um auch diese zu erkennen, solltest Du Dir auch die kleinen Erfolgserlebnisse immer wieder ins Gedächtnis rufen. Du siehst, was Du bereits geschafft hast und damit kannst Du letztendlich Demotivation vorbeugen. Diese kommt auf, weil Du nicht das Gefühl hast, bereits etwas erreicht zu haben. Schaffst Du ein Bewusstsein selbst für die kleinsten Erfolge, schützen Dich diese positiven Erlebnisse wie ein Panzer. Kombinierst Du die kleinen Erfolge mit den vorherigen Punkten, ziehst Du das Unterbewusstsein auf Deine Seite, weil Du mehr davon haben willst. Das gelingt, weil Du Dich mit etwas stärker beschäftigst und Dein Unterbewusstsein das Signal bekommt, dass Dir diese Sache besonders wichtig ist.

Arbeite jeden Tag an der Zielerreichung

Eine wichtige Grundlage, um erfolgreich und glücklich zu sein ist Beständigkeit. Darum solltest Du jeden Tag etwas für die Zielerreichung tun, um Dir selbst Beständigkeit zu beweisen. Das kann eine kleine Veränderung sein, die sich positiv auf Dein Ziel auswirkt. Wird die Veränderung zur Gewohnheit, brauchst Du dafür keine Energie mehr aufbringen und Du hast etwas gemacht, was eine positive Wirkung hervorruft. An Tagen, an denen es einmal nicht so gut läuft, hält Dich das tägliche arbeiten an der Erreichung Deines Ziels über Wasser. Am besten baust Du die neue Gewohnheit in Deine Morgenrituale ein. Das können Kleinigkeiten sein, wie zum Beispiel ein paar Affirmationen, die sich positiv auf Dein Ziel auswirken.

Motivationstechniken für die Selbstmotivation nutzen

Dein Ziel und der Weg dorthin brauchen eine solide Basis, ein stabiles Fundament. Selbst wenn Du alle Vorbereitungen getroffen hast, damit das Gesetz der Anziehung auch bei Dir funktioniert, wird es Tage geben, an denen es gar nicht gut läuft, weil nicht vorhergesehene berufliche oder private Herausforderungen dazwischenkommen. Hilfreich ist in solchen Fällen, wenn Du ein paar Motivationstechniken kennst. Sie sorgen dafür, dass Du in Bewegung bleibst, um Dein Ziel zu erreichen, egal ob Du inneren oder äußeren Widerständen begegnest.

Das Prinzip der Fülle nutzen

Beim Gesetz der Anziehung steht das Anzapfen der „Fülle des Universums" im Vordergrund. Wichtig ist, dass Du Dir diese Fülle zunutze machst, wenn Du wirklich neue Wege einschlagen und Veränderungen herbeiführen willst. In vielerlei Hinsicht wirkt das Wort Fülle sehr abgegriffen und wird generell als überbewertet abgetan. Das begründet sich sicherlich auch darauf, dass es oftmals als Schlagwort in Selbsthilfegruppen und von Coaches als Inspiration verwendet wird. Schaust Du Dir das Prinzip der Fülle aber einmal genauer an, siehst Du, dass sich hierbei der gesunde Menschenverstand und wissenschaftliche Einsichten verbinden.

Bei vielen Menschen kommt es zu einem Ringkampf zwischen zwei Sichtweisen. Der Weg spaltet sich an einer

Gabelung, sodass Du Dich zwischen Fülle und Mangel entscheiden musst. Du kannst in die eine oder in die andere Richtung gehen. Jede Richtung führt Dich zu komplett anderen Erfahrungen, die Du in Deinem Leben machst. Während Überfluss und die Fülle mit Großzügigkeit und positiven Gedanken besetzt ist, ruft der Mangel eine Perspektive hervor, in der Deine Motivation von Angst beherrscht wird.

Das Mindset der Fülle gibt Dir Selbstvertrauen und Selbstachtung. Beide sind eine wichtige Grundvoraussetzung dafür, dass Du auch härtere Zeiten meistern kannst. Du kannst damit die Umwelt und Dein direktes Umfeld infizieren, das gerade um Dich herum wächst und gedeiht. Wenn Du Dich in Deinem Umfeld umschaust, wirst Du feststellen, dass Du selbstbewusste, positive und ähnlich denkende Menschen um Dich hast.

Lässt Du Dich von Mangelperspektiven leiten, denkst Du immer nur darüber nach, was Du bisher noch nicht erreicht hast und Du legst den Fokus auf die Dinge, die nicht funktioniert haben. Du hast immer nur Deine Fehler und falschen Entscheidungen vor Augen, lässt Dich durch Barrieren und Hindernisse ausbremsen und machst es Dir in Deiner Komfortzone gemütlich. Es könnte ja ein Fehler sein, wenn Du Dich gegen Altbekanntes stellst und etwas verändern möchtest. Es ist allerdings nur in den seltensten Fällen belegt, dass etwas Schlimmes passiert, wenn Du bereit bist, ein Risiko einzugehen. Wenn Du das Risiko mit der Gewissheit eingehst, dass das Universum Dir eine unendliche Fülle bietet, kann nur etwas Gutes dabei herauskommen.

Vielleicht gehörst Du ja auch zu den Menschen, die an Dingen festhalten, weil Du unsicher bist und Angst vor Veränderungen hast. Diese Emotionen stellen sich ein, wenn Du schon einmal schlechte Erfahrungen gemacht hast. Die negativen Gefühle werden deutlich verstärkt, weil Du mit schlimmsten Befürchtungen auf Dein Leben reagierst. Die Partien im Gehirn, die Gefühle und das Gedächtnis verbinden, sind in höchste Alarmbereitschaft versetzt. Es werden negative Erinnerungen und Fehlschläge an die Oberfläche gespült und Du möchtest nur noch die Flucht ergreifen. Das Gehirn geht felsenfest davon aus, dass es damit alles richtig macht. Es will ja nur Dein Bestes und Dich vor vermeintlich Schlimmem schützen.

Grundsätzlich ist es aber so, dass sich Deine mentale Einstellung der Umgebung anpasst. Es gibt keinen Menschen auf dieser Erde, der in unterschiedlichen Lebensbereichen von einer zur anderen Sichtweise wechselt. Einfluss auf die jeweilige Sichtweise haben Faktoren, die Stress auslösen.

Lebst Du hingegen nach dem Prinzip der Fülle, so wie die Menschen, denen scheinbar alles gelingt und in den Schoß fällt, legst Du Deinen Fokus nicht mehr auf die Dinge, die Dir fehlen und Wünsche, die Du noch nicht erfüllen konntest, sondern verlagerst des Fokus darauf, was Du bereits alles hast. Dadurch entstehen tiefe Emotionen, wozu Freude und Dankbarkeit gehören. Sie sind so umfänglich vorhanden, dass kein Platz mehr für Mangelperspektiven ist.

Erfolgsgeschichten von bekannten Persönlichkeiten mit dem Gesetz der Anziehung

Es gibt zahlreiche Persönlichkeiten, Sportler und Stars, die sich das Gesetz der Anziehung zunutze gemacht haben und daran glauben. Dazu gehören Oprah Winfrey, Denzel Washington, Jay Z und viele weitere wie auch Jim Carrey. Als unbekannter, bettelarmer Schauspieler hat Jim Carrey sich jeden Tag zum berühmten Hollywood-Sign begeben, die als Symbol für Erfolg in der Schauspielerei stehen. In den Hollywood Hills, bei den weißen, überdimensional großen Buchstaben hat er seinen Wünschen und Träumen freien Lauf gelassen. In seiner Vorstellung hat er das Bild erschaffen, wie Regisseure und Filmproduzenten Kontakt zu ihm aufnehmen und für Filmrollen engagieren. Jim Carrey hat den Respekt für seine Arbeit visualisiert, den andere Menschen ihm entgegenbringen und wie aus seiner Phantasie Realität wird. Er hat sich zudem so verhalten, als wären all diese Dinge bereits eingetreten.

Indem er die Atmosphäre gefühlt und seine lebendige Vorstellungskraft genutzt hat, schaffte er es, mit seiner Vision in Resonanz zu gehen. Außerdem verwendete er weitere kleine Werkzeuge, die ihm beim Gesetz der Anziehung geholfen haben.

Jim Carrey hat sich selbst einen Scheck über zehn Millionen Dollar für seine schauspielerische Leistung ausgestellt. Um dieses Ziel zu erreichen, hat er sich drei Jahre Zeit gegeben. Den Scheck hat er mit dem Datum Thanksgiving 1995 versehen und in seine Geldbörse gesteckt. Er hat den Scheck immer wieder aus der Geldbörse herausgenommen und sich vorgestellt, dass der Scheck und das Geld seins ist. Der Scheck, den er immer bei sich getragen hat, diente ihm als Erinnerung an sein gewünschtes Ziel und hat einen Symbolcharakter eingenommen. Sein Wunsch ging kurz vor Thanksgiving 1995 in Erfüllung. Zu diesem Zeitpunkt ist er angefragt worden, ob er nicht im Film „Dumm und Dümmer" mitspielen wolle. Die Gage betrug tatsächlich zehn Millionen Dollar.

Jim Carrey hat seinen Wunsch, seine Vision beziehungsweise sein Ziel in die Realität manifestiert. Was Du daraus lernen kannst, ist, dass Du alles anziehen kannst, wenn Du Deiner Vorstellungskraft freien Lauf lässt und Dich so fühlst, als wenn Du bereits alles erreicht hast, was Du willst.

Der Schauspieler lacht viel und hat immer ein Lächeln im Gesicht und befindet sich immer in einer gleichbleibend hohen Schwingung. Er hat daran geglaubt, dass sein Traum Wirklichkeit wird und Werkzeuge verwendet, die den Glauben verstärkt haben. Ist ein starker Glaube vorhanden, gibt es deutlich weniger Widerstände. Positive Empfindungen bieten keinen Platz für negative Emotionen wie Angst oder Neid. Jim Carrey hat an seine Vision und an sich selbst geglaubt, hat einfach sein Ding gemacht, war immer gut gestimmt und deshalb hat er alles erreicht, was er wollte.

Zitat: „Gedanken werden Dinge. Wenn du es in deinem Geist siehst, hältst du es bald in der Hand." **Bob Proctor**

Zweiter Teil – Praxisanleitung

Wie das Resonanzgesetz auch bei Dir funktioniert

Es gibt zahlreiche Möglichkeiten und Tools, die Dich dabei unterstützen, damit das Gesetz der Anziehung Dir hilft, um endlich Deine Wünsche zu erfüllen und ans Ziel zu kommen. Bevor es aber richtig losgeht, musst Du wissen, dass Deine Emotionen eine ganz wichtige Rolle spielen.

Die Emotionen sind ein wesentliches Zubehör des menschlichen Wesens. Wären sie nicht vorhanden, wäre das Leben vielfach deutlich komplizierter. Gefühle haben eine große Dominanz im Alltag. Denn mit ihnen bewertest Du jede Situation, der Du begegnest, meist völlig unbewusst. Auf der anderen Seite wird es durch Deine Gefühle leichter, mit anderen Menschen zu kommunizieren.

Auch die Wissenschaft hat sich mit Emotionen beschäftigt und sich die Frage gestellt, was Gefühle eigentlich sind. Bisher gibt es dazu keine Definition, die eindeutig oder allgemeingültig ist. Bis heute stützen sich Wissenschaftler auf sogenannte Arbeitsdefinitionen. Diese sind vergleichbar mit einer Beschreibung von Phänomenen und stellen keine eigentliche Begriffserklärung dar.

Für die einen handelt es sich bei Gefühlen um Reizreaktionsmuster. Ausgelöst werden sie durch Gegebenheiten der Umwelt. Für die anderen handelt es sich dabei um eine neurophysiologische Reaktion, die in Deinem Gehirn stattfinden und nicht beeinflussbar ist. Eine dritte Fraktion geht davon aus, dass es sich bei Emotionen um ein Sozialkonstrukt handelt. Welche Emotionen in einer bestimmten Situation entstehen, kommt letztendlich immer auf das soziale Umfeld an, das Dich geprägt hat. Davon gehen diese Wissenschaftler aus.

Um Gefühlen auf die Schliche zu kommen, haben sich Wissenschaftler das Gehirn genauer angeschaut. Was macht das Gehirn, damit Du Emotionen fühlst? Weder das Betrachten noch ein Gewebeschnitt zeigen, wie das Gehirn funktioniert. Damit gibt es nur einen Einblick in den Aufbau.

Ein Experiment, das Mitte des 20. Jahrhunderts durchgeführt wurde, galt als bahnbrechend. Dabei wurde Tieren eine Elektrode in das Gehirn eingesetzt, um mit elektrischen Reizen verschiedene Areale des Gehirns anzuregen. Durch die Stromreize wurden entsprechenden Reaktionen hervorrufen, wie beispielsweise Angst, Aggressionen, Kampfbereitschaft, Durst oder Hunger.

Dieses Experiment konnte die Frage nicht beantworten, was Emotionen wirklich sind. Außerdem waren die Menschen im Allgemeinen und die Wissenschaftler damals der Meinung, dass Tiere nur über angeborene Instinkte verfügen. Gemäß ihrer Meinung gab es echte Emotionen nur beim Menschen. Diese Auffassung hat sich mittlerweile aber grundlegend geändert.

Was passiert im Gehirn und was lässt Dich fühlen?

Rein biologisch betrachtet handelt es sich bei Emotionen um komplexe Verhaltensmuster. Diese haben sich im Laufe der Evolution herauskristallisiert. Und sie sind besonders wichtig und notwendig. Gefühle helfen Dir dabei, dass Du Dich in Deinem Alltag orientieren kannst. Viele Entscheidungen werden „aus dem Bauch heraus" getroffen. Das erlebst Du andauernd, auch wenn das gar nicht bis zu Deinem Bewusstsein vordringt.

Auch wenn Du in bestimmten Situationen der Vernunft die Entscheidung überlassen willst, leitet der erste Impuls Dich zu der Entscheidung. Deine Emotionen sind eine Art Bewertungssystem. Dieses kann besser oder weniger gut ausgestattet sein. Du kommst zwar mit einem kompletten System auf die Welt. Es sind aber Deine Erfahrungen im Alltag, mit denen Du es immer wieder erweiterst und verfeinerst. Alles, was Du in Deinem Leben erlebst, zieht eine Wirkung nach sich. Hast Du zum Beispiel in Deinem Leben noch keinen Verlust erlitten, hat Trauer für Dich keine große Bedeutung. Hast Du hingegen das Gefühl von Trauer und Schmerz erlebt, trifft Dich der Verlust deutlich intensiver.

All Deine Erfahrungen, die Du gemacht hast, alles, was Du gelernt hast, verknüpft das Gehirn mit bestimmten Emotionen, die als Empfindung in dieser Situation hervorgespült werden. Besonders intensive Emotionen sind besonders deutlich in Deinem Gedächtnis verankert. Das, was Du erlebt hast, wird zum festen Bestandteil Deiner Lebenserfahrung. Hast Du einen großen Erfahrungsschatz, verfügst Du auch über ein differenziertes, emotionales Bewertungssystem.

Deine Emotionen rufen auch körperliche Reaktionen hervor. Je intensiver Deine Emotionen, desto stärker reagiert Dein Körper darauf. Du kannst lächeln oder aus voller Inbrunst lachen und vor Freude oder Rührung weinen. Anhand der körperlichen Reaktionen kannst auch ablesen, wie es anderen Menschen geht, ohne dass dafür Worte verwendet werden.

Deine Gedanken, Emotionen und Dein Körper sind im Zusammenspiel auf untrennbare Weise miteinander verbunden. In der Wissenschaft wird dabei von somatischen Markern gesprochen. Anhand von Laborversuchen sind diese messbar. Bei Versuchen wurden Probanden unterschiedliche Bilder gezeigt, wobei die Sensoren in ihrem Gesicht die Reaktionen der Muskeln aufgezeichnet haben.

Jedes Mal, wenn ein Teilnehmer ein stark emotional aufgeladenes Bild angeschaut hat, kam es zu einer Reaktion eines bestimmten Muskels, der sich oberhalb der Augenbraue befindet. Das passiert auch, wenn bei Dir negative Gedanken entstehen. Dieses Muskelspiel tritt nicht ein, wenn positive Gedanken vorhanden sind oder ein neutrales Bild betrachtet wird.

Emotionen sind ein ständiger Begleiter. Oftmals wirst Du Dich ihrer nur dann tatsächlich bewusst, wenn sie stark ausgeprägt oder negativ belastet sind. Das passiert beispielsweise, wenn Du Dich besonders fürchtest oder Angst vor einer Entscheidung hast. Mit „Schmetterlingen im Bauch“ und Herzklopfen meldet sich hingegen die Liebe.

Du kannst den Effekt der somatischen Marker auch umdrehen und Deine Emotionen durch eine bewusste Haltung Deines Körpers beeinflussen. Angst und Stress führen häufig dazu, dass Du den Kopf einziehst und völlig verkrampft bist. Tritt eine solche Situation ein, solltest Du Dich aufrichten und tief in Dich hineinatmen. Damit löst Du die Verkrampfung und fühlst Dich wieder besser.

Kontrolliere Deine Emotionen

Die moderne Psychologie zeigt, dass Du Deine Emotionen bis zu einem gewissen Grad kontrollieren kannst. Denn die Gehirnbereiche, die für Deine Gefühle zuständig sind, lassen sich umformen und trainieren. Dieses bezeichnen Psychologen als Gefühls- beziehungsweise als Emotionsregulation. Dabei handelt es sich um einen Prozess, mit dem Du Einfluss auf die Intensität, die Dauer und die Art Deiner Gefühle nehmen kannst.

Die Kontrolle und Regulierung Deiner Emotionen ist eine sehr wichtige Fähigkeit, nicht nur weil Du dadurch mehr Selbstkontrolle erhältst. Vielmehr helfen sie dabei, besser mit Hindernisse und Schwierigkeiten umzugehen, die Dir dabei im Wege stehen, Deine Ziele zu erreichen und das Gesetz der Anziehung für Dich zu nutzen. Bist Du in der Lage, Deine Emotionen zu kontrollieren und zu regulieren,

- gehst Du mit Stress und Belastungen gelassener um,
- verbesserst Du Deine Beziehungen, weil Du nicht mehr unüberlegt reagierst und handelst, sondern mehr Selbstbeherrschung an den Tag legst,
- erreichst Du eher Deine Ziele, da Du irrationale Handlungen besser kontrollieren kannst,
- handelst Du selbstbewusster und mutiger. Denn Deine Ängste haben keine Kontrolle mehr über Dich,
- bist Du nicht mehr der Spielball von Deinen negativen Gedanken und Emotionen. Es stellt sich mehr Gelassenheit ein, Du kannst leichter loslassen und bist grundsätzlich glücklicher.

Wie Du siehst, entstehen durch das Kontrollieren und Regulieren Deiner Emotionen nur positive Effekte, die dazu führen, dass Du die Dinge, die Du Dir wünschst, auch anziehen kannst. Kontrolle erlangst Du, indem Du Deine Emotionen mit Übungen verbindest. Doch vorweg solltest Du diese vier Schritte beherzigen:

- Verändere Deinen Fokus!
- Nutze rationale Gedanken!
- Akzeptiere Deine Emotionen!
- Ändere Dein Verhalten und setzt Dich in Bewegung!

Verändere Deinen Fokus

Wie Du bereits weißt, fußen Deine Emotionen auf der mentalen Bewertung einer bestimmten Situation, die sich wiederum auf Deinen Glaubenssätzen begründet. Sagen wir mal, Du möchtest mehr Geld haben und jedes Mal, wenn Du darüber nachdenkst, wie Du das Ziel erreichen kannst, kommen Gedanken auf, dass Du das sowieso nicht schaffen wirst. Das Resultat: Du fühlst Dich minderwertig und bist demontiert, weil Du in Deinem Umfeld siehst, dass andere superreich sind und sich alles leisten können, was sie sich wünschen.

Ab jetzt konzentrierst Du Dich nicht mehr auf diese Menschen, sondern ganz bewusst auf normale Menschen, die nicht so reich sind und alles haben. Das hilft Dir dabei, Dich besser zu fühlen. Ein besseres Gefühl erzeugt mehr Selbstbewusstsein. Du kannst Dich mehr auf den Prozess beziehungsweise die einzelnen Schritte zu mehr Geld konzentrieren. Das bringt ganz automatisch als Ergebnis Reichtum mit sich.

Den Fokus verändern funktioniert vielleicht nicht in allen Situationen. Je öfter Du übst, den Fokus zu verändern, desto erfolgreicher kannst Du mit Deinen Emotionen umgehen und positive Gefühle hervorrufen. Der Stress, der durch Deine negativen Emotionen und Gedanken hervorgerufen wird, fällt von Dir ab und es kannst sogar eine kleine Vorfreude und ein gutes Gefühl entstehen.

Nutze rationale Gedanken

Deine Gefühle werden nicht nur von Deinen Gedanken beeinflusst, dass Gleiche passiert auch andersherum. Das bedeutet, dass Deine Wahrnehmung von Dingen durch Deine Gefühle enorm beeinflusst wird. Wenn Du zum Beispiel unglücklich und traurig bist und Dein Herzensmensch sagt Dir, dass ihr dringend miteinander reden müsst, kommen Dir direkt die Gedanken, dass das Ende eurer Beziehung vor der Türe steht. Dabei möchte der andere Dir nur mitteilen, dass er sich dieses Jahr ein neues Auto kaufen will. Durch Deine extremen Emotionen entsteht sofort ein völlig verzerrtes Bild der Dinge. Dabei kannst Du ganz schnell in ein negatives Gedankenkarussell hineinrutschen. Du kannst diese Denkweise ruhig als „emotionales Denken“ bezeichnen. Denn Deine Sicht auf die Dinge wird stark durch Deine momentanen Emotionen beeinflusst.

Du kennst solche Momente sicherlich auch, in denen ohne Grund Sorgen und negative Gedanken auftauchen, in denen Du Dich verlierst. Weil Du immer tiefer hineinrutschst, siehst Du nur noch das Worst Case Szenario. Du machst Dir noch mehr Sorgen und fühlst Dich richtig schlecht. Es stellt sich bei Dir der Glaube ein, dass alles sinnlos ist und sowieso den Bach runtergeht.

Dem kannst Du mit rationalem Denken entgegenwirken. Wenn Du feststellst, dass Du Dinge besonders verzerrt siehst und merkst, dass Du Dich im Worst-Case-Szenario verlierst, solltest Du den Anker auswerfen. Sage „Stopp“ zu Deinen Gedanken und beginne, die Dinge objektiv zu betrachten.

- Weil Dein Partner Dich gestern kritisiert hat, heißt das noch lange nicht, dass er Dich verlässt.
- Nur weil Du bisher noch nicht den richtigen Lebenspartner oder die richtige Lebenspartnerin gefunden hast, bedeutet das nicht, dass Du das restliche Leben Single bleiben wirst.
- Weil Du bisher noch nicht zu Ruhm, Erfolg und Geld gekommen bist, bedeutet das nicht, dass Du das niemals schaffen wirst.
- Auch wenn es Dir so vorkommt, das Leben ist nicht gefährlich und hat sich nicht gegen Dich gestellt.

Halte Dir immer vor Augen, welche Kraft und welchen Einfluss Deine Gedanken haben. Sie haben Einfluss darauf, welche Emotionen vorhanden sind, welche Entscheidungen Du triffst und wie Du handelst. Wenn Du kurz innehältst und mehr die Ratio zum Denken verwendest, kommst Du Schritt für Schritt aus der Spirale der emotionalen Gedankenwelt heraus.

Emotionen vollständig annehmen und akzeptieren

Wenn Dich eine Mücke sticht und Du kratzt, wird das Jucken für einen Moment angenehmer. Nach kurzer Zeit stellt sich ein noch größerer Juckreiz ein. Wenn Du es aber schaffst, den Juckreiz auszuhalten und zu ignorieren, verschwindet dieser nach und nach. In ähnlicher Art und Weise funktioniert das mit Deinen negativen Emotionen. Gegen nicht angenommene Emotionen wird nur angekämpft. Damit versuchst Du sie zu verdrängen, zu bezwingen und Dich davon zu befreien. Doch dadurch bekommen sie eine noch größere Intensität.

Bist Du hingegen bereit, negative Emotionen anzunehmen und zuzulassen, dass es sie gibt, werden sie von ganz alleine früher oder später nicht mehr vorhanden sein. Stell Dir vor, Du hast eine kleine Bar. Es kommen Gäste zu Dir, die nur auf einen kurzen Drink kommen und andere, die länger bleiben und den ganzen Abend bei Dir verbringen. Einige davon sind sehr sympathische Gäste, andere sind ok, während wieder anderen absolut unsympathisch sind. Eines ist ganz klar. Es gibt keinen Gast, der für immer bleiben wird.

Du kannst Dich zwar über die unsympathischen Gäste maßlos aufregen oder Dir bewusst machen, dass keiner ewig bleibt und ganz gelassen bleiben. Mit Deinen negativen Emotionen kannst Du genauso verfahren. Die Gefühle sind nicht ständig vorhanden, ganz gleich, wie negativ sie gerade sein mögen. Je mehr Du diese Emotionen akzeptierst, desto eher sind sie auch wieder verschwunden. Darum solltest Du unbedingt lernen, Deine Emotionen zuzulassen.

Gibt Deinen Emotionen einen Namen

Um negative Emotionen besser annehmen und akzeptieren zu können, solltest Du sie benennen. Welche Emotion ist vorhanden? Fühlst Du Schmerz, Trauer, Angst, Wut, Minderwertigkeit, Eifersucht oder es eine Mischung aus verschiedenen Emotionen? Gibst Du Deinen Gefühlen einen

Namen, kannst Du Dich viel besser von ihnen distanzieren. Denn Du machst Dir in diesem Moment bewusst, was Du gerade fühlst. Sind gerade Emotionen wie Trauer und Schmerz vorhanden, bedeutet das nicht, dass Du immer traurig und verletzt bist.

Ändere Dein Verhalten und setzt Dich in Bewegung

Wer wütend, niedergeschlagen, traurig oder ängstlich ist, macht oftmals Dinge, wodurch die Emotionen nur noch verstärkt werden. Es wird sich zurückgezogen, traurige Musik gehört und Du redest Dir ein, dass es allen anderen Menschen viel besser geht als Dir selbst. Du schaust Dich stundenlang auf Social-Media-Kanälen um und auf den Profilen Deiner Freunde vorbei, um zu sehen, wie gut es denen doch geht. Vielleicht kramst Du auch alte Bilder heraus, auf denen scheinbar alles besser war. Du konsumierst Alkohol und Drogen. Ein solches Verhalten verstärkt nur Deine Emotionen.

Willst Du Deine Gefühle wieder unter Kontrolle bekommen, musst Du endlich aktiv werden und Dich in Bewegung setzen. Deine Emotionen haben einen großen Einfluss auf Dein Verhalten. Ist Dir das schon einmal aufgefallen?

Um eine Veränderung herbeiführen, solltest Du Dein Verhalten ändern und Dinge machen, die eine positive Wirkung auf Deine Stimmung haben. So kannst Du auch Deine Gefühle verändern. Setz Dich in Bewegung, mache Sport, triff Dich mit Freunden, sei produktiv, mach Dinge, die Dir

Freude bereiten, lies ein inspirierendes Buch oder schau Dir einen lustigen Film an und hab Sex.

Veränderst Du Dein Verhalten, treten auch Veränderungen bei Deinen Emotionen ein. Weißt Du, was die beste Möglichkeit ist, um negativen Emotionen entgegenzuwirken? Nachgewiesenermaßen ist das Sport. Fitnesstraining, Joggen und Sportarten, bei denen Du Dich so richtig auspowern kannst, helfen Dir dabei, mit negativen Emotionen besser umzugehen.

Dauerhaft Deine Emotionen in den Griff bekommen

Deine Glaubenssätze sind die Wurzel von vielen negativen Emotionen. Weil Du den Glauben daran hast, dass Du etwas nicht kannst oder nicht gut genug bist oder an Deiner Situation nichts mehr ändern kannst, fühlst Du Dich schlecht. Diese limitierten Glaubenssätze blockieren Dich und erzeugen Gefühle von Minderwertigkeit, Wertlosigkeit und sorgen dafür, dass Du Dich selbst andauernd infrage stellst. Um Deine Emotionen dauerhaft in den Griff zu bekommen und Dich emotional zu festigen, gibt es verschiedene Übungen, die Du durchführen kannst.

Bewegung

Ein ausgezeichnetes Ventil für negative Emotionen und damit verbundener Stress ist Sport. Suche Dir eine Sportart aus, die Dir Spaß macht, die Du vielleicht schon immer machen wolltest. Besonders wenn es sich dabei um eine Sportart handelt, die den Puls so richtig in die Höhe treibt, hilft Dir dabei, dass Du Dich auf Deinen Körper konzentrierst und den Fokus auf die sportliche Leistung legst. Dadurch ist kein Platz für negative Gefühle, die Dich zum Grübeln bringen.

Kreativität

Gehörst Du zu den Menschen, die mit ihrer Energie nicht wissen wohin? Diese kannst Du gut mit Kreativität kanalisieren. Grundsätzlich ist es egal, in welcher Form Du kreativ wirst, Hauptsache Du tust es. Vielleicht wolltest Du schon lange die Wände in Deinem Zuhause mit einem besonderen Design versehen, ein Gartenhaus bauen oder den Keller aufräumen. Du kannst Deine Energie auch anderweitig einsetzen, Male ein Bild, näh Dir ein tolles Kleid, fang mit dem Töpfern oder der Bildhauerei an und schaffe etwas ganz Besonderes. Wenn Du anfängst, Dich mit etwas Konkretem auseinanderzusetzen, lenkst Du Dich ab.

Entspannungsübungen und Meditation

Es gibt verschiedene Entspannungstechniken. Dazu gehören Achtsamkeitstraining und autogenes Training, womit Du negative Emotionen wie Angst, Wut oder Nervosität regulieren kannst. Genauso kannst Du die Meditation nutzen, um Dich emotional zu festigen. Es gibt Meditationen, die speziell auf ein bestimmtes Thema ausgerichtet sind. Dabei wird der Fokus nicht mehr auf die Dinge gelenkt, die Dich beschäftigen, sondern darauf, was Du wirklich willst.

Robinson-Crusoe-Vergleich

Bei dieser Übung geht es darum, dass Du lernst, das Positive im Negativen zu betrachten. Robinson Crusoe hat sicherlich die Verzweiflung gepackt, als ihm klar wurde, dass er auf einer einsamen Insel gestrandet ist. Wenn Du trübsinnig bist, siehst Du das Außen nur durch eine dunkel getönte Brille. Alles ist sorgenvoll, problematisch, schwierig und negativ. Deine Vorstellungskraft erzeugt negative Emotionen und Du ziehst Dich selbst nach unten. Schaue doch einfach mal genauer hin. Du wirst schnell erkennen, dass im Negativen durchaus auch etwas Positives steckt. Es kommt immer auf Deine Einstellung zu den Dingen und auf die Sichtweise an, wie Dir die nachfolgende Auflistung im Falle von Robinson Crusoe zeigt:

Falsch	Richtig
Ich bin ganz alleine auf dieser einsamen Insel und komme bestimmt nie wieder von hier weg.	Alle anderen Menschen auf dem Schiff haben nicht überlebt, ich bin auf dieser Insel gestrandet.
Das Unglück hat mich ausgewählt und mich vom Rest der Welt getrennt.	Ich bin der einzige, der von der ganzen Mannschaft ausgesucht wurde und immer noch am Leben ist. Darum wird es mir auch gelingen, gerettet zu werden und die einsame Insel wieder zu verlassen.
Ich bin ganz alleine auf dieser Insel.	Ich habe eine Quelle mit Trinkwasser, genug zu essen und werde nicht verhungern oder verdursten.
Meine Kleider sind alle weg.	Es ist ohnehin zu heiß, um Kleider zu tragen und ohne Kleider ist es angenehm. Das Schiff ist zudem durch eine glückliche Fügung für mich erreichbar gestrandet, sodass ich viele nützliche Dinge auf die Insel holen kann.

So ist es Robinson Crusoe gelungen, aus der trübsinnigen Stimmung herauszukommen und hat sein Schicksal als angenehm und sogar als Segen empfunden. Welche Wirkung hat diese Übung, wenn Du diese auf negative Emotionen und Elemente anwendest?

An das Gegenteil denken

Wenn Du einmal im Buddhismus vorbeischaust, wirst Du schnell erkennen, dass Buddhisten sich immer darum bemühen, genau das Gegenteil der negativen Emotionen herzurufen. Es wird ganz bewusst die Haltung und Sichtweise verändert. Bei Dir kann sich das folgendermaßen gestalten:

- Du hast Angst, etwas zu verändern, rufe Dir Situationen ins Gedächtnis, in denen Du Mut gezeigt hast.
- Bist Du wütend auf Dich selbst oder eine andere Person, erzeuge für Dich oder den anderen Mitgefühl.
- Suche bei Ärger und Stress ganz bewusst das Gefühl von Gelassenheit.

Spiele in Gedanken mit den negativen Emotionen

Um mit Deinen negativen Emotionen zu spielen, stellst Du Dir folgende Fragen, die Du bestenfalls schriftlich beantwortest:

- Wie würde Dein bester Freund, Deine Seelenverwandte darauf reagieren?
- Hat das in fünf Jahren noch Relevanz?
- Machst Du aus einer Mücke einen Elefanten?
- Verkleinerst Du es?

Mit diesen Fragen lernst Du, Deine Emotionen und Gedanken besser einzuordnen. Oftmals sind sie gar nicht so schwergewichtig, wie Du anfangs gedacht hast. Damit stärkst Du Dein Selbstbewusstsein.

Manifestieren – wie Deine Wünsche endlich wahr werden

Die Manifestation ist eine Technik, mit der Du Deine Wünsche wahr werden lassen kannst. Und das Beste daran ist, dass Du Manifestieren erlernen kannst. Diese Technik fußt auf einem positiven Mindset. Dazu gehört zudem das Erkennen und aktive nutzen von Möglichkeiten, Gegebenheiten und Chancen.

Weißt Du ganz genau, was Du Dir wünschst?

Schreibe in regelmäßigen Abständen, zum Beispiel einmal im Monat auf, was Du alles hast und was zu Dir kommt. Entwickle dafür Dankbarkeit. Sei dankbar für die Dinge, die ganz automatisch zu Dir kommen und Dich umgeben. Dabei geht es nicht nur um Geld, sondern um

- Wertschätzung, Freude und Liebe, die Dir täglich entgegengebracht wird.
- Menschen, die Dich im Leben begleiten und von denen Du etwas lernen kannst.
- All Deine Erfahrungen, die Du gemacht hast. Sie sind es, die Dich zu dem gemacht haben, was Du heute bist.
- Deinen Besitz und Deinen Heimathafen.
- Das Geld, das jeden Monat in Form von Gehalt oder Lohn auf Dein Konto kommt.
- Gutscheine, die den Weg zu Dir gefunden haben.

- Geschenke, die Du von Freunden oder der Familie bekommst.
- Einladungen zu einer Party, einem Essen oder zum Kaffeeklatsch.

Die Liste lässt sich endlos fortführen. Da fallen Dir sicherlich noch viele weitere Dinge ein, wofür Du dankbar bist. Dieses Gefühl der Dankbarkeit nutzt Du dafür, um Deine zukünftigen Wünsche und Ziele aufzuschreiben und was Du dafür tun musst. Das All beziehungsweise Universum findet es gut, wenn Du die Dinge, die Du bereits hast, entsprechend honorierst und wertschätzt. Gleichzeitig legt es großen Wert darauf, dass Du konkrete Ziele hast. Deine Ziele dürfen ruhig sehr groß sein. Denn es ist nicht von Interesse, ob 100 Euro oder fünf Millionen Euro Dein Wunsch sind.

Nachfolgend erfährst Du, wie Du Deine individuellen Träume, Wünsche und Ziele manifestierst und wie das Gesetz der Anziehung Dir dabei behilflich ist. Du hast ja bereits erfahren, dass alles, Du, Dein Körper, die Couch, auf der Du gerade liegst und dieses Buch liest, aus Energie besteht. Auch der Baum vor Deinem Fenster, die Blumen im Garten und das Gebäude, in dem Du wohnst, bestehen aus Energie. Genau diese Energie, die allgegenwärtig ist, nutzt Du dafür, um Deine Wünsche, Träume und Ziele zu manifestieren.

Folge Deiner inneren Stimme und habe Vertrauen

Meist wird die Macht und unbändige Kraft des Geistes unterschätzt. Genau damit beschneidest Du Dich selbst und lässt keinen Raum für Glauben und Vertrauen. Diese sind aber der wichtige Nährboden für Deine Visionen ist. Du kennst sicherlich auch das alte Sprichwort: „Ich glaube es erst, wenn ich es sehe!“ Tatsächlich ist es aber so, dass Du es erst siehst, wenn Du daran glaubst.

Manifestieren kann jeder. Du benötigst dafür keine besonderen Fähigkeiten, nur Deine Kreativität. Unterstützend kannst Du Manifestationstechniken verwenden. Wichtig ist, dass Du Dich entsprechend vorbereitest, damit Du Dich auch auf diesen kreativen Prozess einlassen kannst.

Stelle ausreichend Zeit zur Verfügung und öffne Dich mental. Das funktioniert gut, wenn Du es Dir gemütlich machst und eine ruhende Körperhaltung einnimmst. So gelingt es Dir, Deinen Körper besser zu spüren. Anschließend kannst Du für einige Minuten meditieren. Damit öffnest Du Deinen Geist und kannst Geist und Körper in Einklang bringen.

Um Deine Wünsche und Ziele zu manifestieren, ist alles erlaubt, womit Du Dich besonders wohlfühlst. Du kannst Kerzen und Räucherstäbchen anzünden, um eine besondere Atmosphäre zu schaffen. Fühlst Du Dich rundum wohl, kannst Du Deine Visionen lebendig werden lassen. Das gelingt Dir mit diesen sechs Tipps:

1. Nimm Dir Zeit zum Nachdenken und überlege Dir, wie die Veränderung aussehen soll. Wenn es Dir gelingt, Deine Wünsche möglichst genau zu definieren,

wird Dir das Verankern in Deinem Unterbewusstsein deutlich leichter fallen.

2. Drücke auf den Ausschalter in Deinem Kopf! In den nächsten Stunden ist kein Platz für Dein Ego vorhanden. Denn es redet Deine Träume und Ziele nur klein oder versucht, Dir Deine Visionen ganz auszureden. Jetzt solltest Du nur auf Dein Herz hören. Damit Du hörst, was Dein Herz sagt, sind Meditationsübungen und Yoga sehr hilfreich.
3. Schreibe mit einem Stift auf ein Blatt Papier, wie Du Dich fühlst und wie Du strahlst, wenn Du Dein Ziel erreicht hast und Dein Traum in Erfüllung gegangen ist. Wie fühlt es sich an, wenn Du zum Beispiel den lang ersehnten Urlaub am Meer machst, das Salz in der Luft schmeckst, die heiße Sonne auf der Haut spürst und endlich die Unterwasserwelt der Karibik mit Taucherbrille und Schnorchel erkundest. Versuche Dir die Situation so genau wie möglich vorzustellen, als wenn Du schon in der Karibik bist.
4. Frage Dich, warum Du das Ziel oder den Wunsch hast und schreibe auf, WARUM Du das willst. Dein größter Befürworter ist Dein individuelles „Warum" und genau dieses wird Dich immer anfeuern.
5. Hast Du die vorherigen Schritte erledigt, hast Du genügend Input erhalten und Dein Herz richtig geöffnet. Jetzt gehst Du zum kreativen Prozess über, um Deine Vision in Worte fassen. Versuche, Deine Wün-

sche und Träume klar und deutlich zum Ausdruck zu bringen und schreibe die gewählten Worte auf. Wähle eine Ausdrucksweise, als wenn Du Deinen Traum schon lebst oder Dein Wunsch bereits in Erfüllung gegangen ist, wie zum Beispiel: „Ich habe Vertrauen in mich selbst und in meine Fähigkeiten, dass ich den neuen Job bekomme und Karriere mache."

6. Erstelle Dein eigenes Vision Board. Damit kannst Du Dir die Veränderungen immer vor Augen führen. Wie das funktioniert, wird Dir später verraten.

Nutze das Gesetz der Anziehung und lasse das Universum seine Arbeit verrichten

Wichtig ist, dass Du immer mit Dir in Verbindung bleibst. Du brauchst dafür immer das Wissen darum, was Du willst und warum Du das willst. Das führt dazu, dass Du zum Beispiel Deine gesunde Ernährung oder Deine Trainingsroutinen, eben alles, was Du tatsächlich willst, beibehältst. Hört sich das für Dich noch zu irreal und abstrakt an? Denkst Du vielleicht, dass das gar nicht funktioniert oder gar nicht sein kann?

Dass es funktioniert, zeigen Dir ja weiter oben Jim Carrey und andere prominente Persönlichkeiten, die auch das Gesetz der Anziehung genutzt haben, um reich, erfolgreich, berühmt und glücklich zu werden. Die Macht der Gedanken ist unfassbar groß!

Was brauchst Du, um Deine Wünsche, Träume und Ziele zu manifestieren?

Manifestieren funktioniert nicht gleich beim ersten Versuch. Diese Fähigkeit entwickelt sich Schritt für Schritt. Du beginnst klein, bleibst regelmäßig am Ball und baust Vertrauen in Dich selbst und Deine Fähigkeiten auf. Um Deine Ziele Realität werden zu lassen, benötigst Du:

- klar definierte Ziele,
- Entschlossenheit,
- kleine Schritte, die Dich voranbringen,
- Regelmäßigkeit, Disziplin und Motivation,
- aufgelöste, blockierende Glaubenssätze,
- mentale, spirituelle Entscheidungen triffst und die Umsetzung in entsprechende Handlungen,
- ein positives Mindset, das besagt, dass Dein Erfolg unvermeidbar ist.

Je besser Du das siehst und fühlst, was Dein tiefster Herzenswunsch ist, desto eher wirst Du anfangen, Dich dafür in Bewegung zu setzen. Das bedeutet nicht, dass Du Dich zurücklehnst und die Hände in den Schoß legst. Richtig manifestieren bedeutet, dass Du darüber Klarheit erlangst, was Du wirklich willst. Damit das Gesetz der Anziehung auch wirken kann, musst Du Dein Möglichstes dazu beitragen. Die Manifestation ist das Fundament für die Veränderungen, die Du Dir von ganzem Herzen wünschst.

Techniken, mit denen Du ins Hier und Jetzt kommen kannst:

- beobachte ganz bewusst Deine Atmung,
- gehe nach draußen und beobachte die Natur, beispielsweise wie sich die Bäume im Wind bewegen,
- zähle Deine Schritte,
- iss langsam, schließ die Augen und lass die Aromen auf Dich wirken,
- halte Dir die Ohren zu und lausche Deinem Herzschlag,
- nimm Dein Instrument und spiele darauf,
- schließe Deine Augen und konzentriere Dich auf Deinen Körper,
- gehe kalt duschen,
- male ein Bild.

Werde zum Beobachter, lebe und genieße diesen einzigartigen Moment, wenn Du einfach drauf los beobachtest. Deine Sinne wie hören, schmecken, fühlen und sehen zeigen Dir so viele Details, die Du aufnehmen kannst. Damit stärkst Du das Selbstbewusstsein und Deine Aufmerksamkeit für den Moment, in dem Du Dich gerade befindest. Es stellt sich der Zustand ein, in dem sich Dir die Türe zur Quantenwelt öffnet. Dadurch bist Du offen für Veränderungen und kannst Deine Wünsche, Träume und Ziele manifestieren.

Versuche, diesen Zustand so lange wie möglich beizubehalten, um Energie freizusetzen, mit der Du etwas Neues schaffen und dieses manifestieren kannst.

Autosuggestion

Das Wort Autosuggestion setzt sich aus dem griechischen Wort „auto" und dem lateinischen Wort „suggestio" zusammen und bedeutet in der Übersetzung so viel wie Selbstbeeinflussung. Dabei handelt es sich um eine Methode, mit der Du Einfluss auf Dein Unterbewusstsein nehmen und Dein Verhalten verändern kannst. Erstmals wurde diese Methode von Emil Coué beschrieben. Er war Apotheker und ein Zeitgenosse des Tiefenpsychologen Siegmund Freund. Coué hat sich in der Hauptsache mit der Macht von Gedanken beschäftigt.

Coué hat recht schnell herausgefunden, dass sich der Erfolg einer Theorie beeinflussen lässt. Er hat bei der Übergabe von Medikamenten bestimmte Worte gewählt. Dadurch kam er zu dem Entschluss, dass die Präparate gar nicht so relevant für die Genesung sind, sondern vielmehr die innere Haltung und die Vorstellungskraft. Innere Haltung und die Vorstellungskraft sind auch verantwortlich dafür, dass der Placebo-Effekt funktioniert. Obwohl diese Tabletten keine Wirkstoffe enthalten, verbessert sich der Zustand der Patienten. Mithilfe der Autosuggestion kannst Du Deine Selbstheilungskräfte aktivieren und sowohl deine körperliche und psychische Gesundheit positiv beeinflussen.

Wie funktioniert die Autosuggestion?

Wenn Du Autosuggestion nutzen möchtest, um Deine Ziele zu erreichen und das Gesetz der Anziehung für Dich zu nutzen, gehst Du folgendermaßen vor:

- Entwerfe ein konkretes Bild von Deinem gewünschten Ziel.
- Nutze Phrasen, mit denen Du Dir immer wieder Dein Ziel vor Augen führst.

Die Formulierung Deiner Phrasen, die Du immer wiederholst, ist besonders wichtig. Darum wählst Du nur Worte, denen Du auch selbst Glauben schenkst. Dein Unterbewusstsein kannst Du nur dann nachhaltig beeinflussen, wenn Du hinter Deinen Phrasen stehst. Bist Du zum Beispiel krank, wird es zu einem schwierigen Unterfangen, wenn Du mit dem Satz „Ich bin gesund" Dein Unterbewusstsein beeinflussen willst. Mit „Mein Körper gesundet" oder „Mir geht es jeden Tag besser" lässt sich Dein Unterbewusstsein eher beeinflussen.

Nur wenn Du die Phrasen und Deinen Wunsch regelmäßig wiederholst, können sich diese in Deinem Unterbewusstsein manifestieren, bis sie Dir in Fleisch und Blut übergegangen sind. Dafür sprichst Du die Bestätigung bestenfalls laut aus. So kannst Du Dich darin bekräftigen.

Tipp: Deine persönliche Formulierung kannst Du auch aufschreiben und gut sichtbar aufhängen. So hast Du Dein individuelles Ziel immer im Blick.

Anwendungsgebiete und Beispiele für Phrasen

Autosuggestion ist vielseitig einsetzbar und hilft Dir auch dabei, dass Du Erfolg, Geld, Gesundheit, Liebe und Universalität anziehen kannst. Für verschiedene Probleme lassen sich folgende mögliche Leitsätze verwenden:

- **Selbstwertgefühl stärken:** „Ich bin ein wertvoller Mensch." „Ich liebe das Leben und das Leben liebt mich." Ich bin ein wertvoller Bestandteil der Gesellschaft."
- **Zielerreichung:** „Ich kann jede Herausforderung meistern." „Ich wachse an jeder Herausforderung und jeder Aufgabe." „Ich werde mein Ziel erreichen."
- **Schlafprobleme:** „Ich schlafe tief und erholsam." „Ich werde gut schlafen und morgen früh frisch und munter sein." „Ich habe einen ruhigen, tiefen Schlaf."
- **Umgang mit Deinen Mitmenschen verbessern:** „Ich gehe mit Gelassenheit und mit Verständnis mit meinen Mitmenschen um."

Oftmals reicht es schon, Schwierigkeiten, Ängste und Probleme aus einer anderen Perspektive zu betrachten. Anstatt zu sagen, „Das kann ich nicht", solltest Du sagen, „Ich kann das lernen." Indem Du „Das wäre schön" durch „Das ist schön" ersetzt, bekommst Du eine andere Sicht auf die Dinge.

Affirmationen – Werkzeug der Autosuggestion

Affirmationen sind praktische Helfer, um Dein Unterbewusstsein umzupolen, es neu zu strukturieren und somit Einfluss darauf zu nehmen. Es sind kurze Glaubenssätze, die Du anwendest, wenn Du im Alltag vor herausfordernden Aufgaben stehst. Sie helfen Dir dabei, ein positives Selbstbild zu erlangen und in Dir selbst Halt zu finden. Beides ist wichtig, wenn Du Veränderungen herbeiführen und Ziele erreichen möchtest.

Eine im Jahr 2015 durchgeführte Studie hat sich umfassend damit auseinandergesetzt, welche Wirkung positive Affirmationen auf unser Gehirn haben. Mit der Magnetresonanz-Tomographie konnte festgestellt werden, dass es zu einer stärkeren Aktivierung des Belohnungszentrums und dem Bereich für die Selbstreflexion kommt, durch die Verwendung von positiven Affirmationen. Die Aktivität war besonders hoch bei Affirmationen, die in die Zukunft gerichtet waren.

Affirmationen sind auch bestens dafür geeignet, um herausfordernde Aufgaben unter Stress zu bewältigen. Auch bei anderen kannst Du mit positiven Affirmationen für mehr Selbstvertrauen sorgen. Das hat eine Studie ergeben, die 2009 durchgeführt wurde. Um davon zu profitieren, müssen sich Menschen nicht bewusst über die Wirkung von positiven Affirmationen sein. Darum sind positive Affirmationen in der Erziehung und im Umgang mit Menschen wertvoll.

Sie unterstützen Dich in vielen Bereichen und Aspekten Deines Lebens, ganz gleich, ob in der Partnerschaft, beim Erfolg oder den Finanzen. Für jeden Lebensbereich und jede Vision, die Du hast, gibt es die richtige Affirmation. Folgende Punkte solltest Du bei der Wahl Deiner Affirmation nicht aus dem Blickfeld verlieren:

- Der gewählte Glaubenssatz sollte eng mit einem Deiner zentralen Werte verknüpft sein. Außerdem sollte Dich die Affirmation an Deine Werte erinnern, gerade wenn die Situation schwierig ist. Darum musst Du Dich mit der Phrase gut identifizieren können.
- Der Schlüssel zum Erfolg ist, wie Du Deine Affirmation formulierst. Da Du Dein Unterbewusstsein umprogrammieren willst, musst Du notwendigerweise der Affirmation auch Glauben schenken. Bist Du zum Beispiel krank und Du verwendest die Affirmation „Ich bin gesund", erscheint das wie eine Lüge.

Folgendermaßen können Deine Affirmationen aussehen, um Dein Unterbewusstsein in die richtige Bahn zu lenken und das Gesetz der Anziehung für Dich zu nutzen:

- Ich empfinde Liebe und Wertschätzung für alles, was ich bin.
- Ich gehe achtsam mit mir um und sorge dafür, dass ich gesund bleibe.
- Liebe ist für mich Erfüllung.
- Ich bin für jede Herausforderung bestens gerüstet.

- Ich habe Mut und Stärke.
- Alles ist machbar.
- Wo ich sein soll, bin ich gerade.
- Für die Geschenke vom Universum bin ich dankbar.
- Ich habe Vertrauen in meine Fähigkeiten.
- Kein anderer entscheidet über meine Emotionen, nur ich.
- Tagtäglich komme ich meinem Ziel einen Schritt näher.
- Ich verdiene Glück und entscheide mit für Zufriedenheit.
- Ich gehe mit Gelassenheit vor.
- Ich übernehme für mich selbst Verantwortung.

So werden positive Affirmationen angewendet

Der innere Kritiker meldet sich meist dann, wenn Du vor einer schwierigen Herausforderung stehst. Oftmals stehst Du Dir selbst mit negativen Überzeugungen im Wege. Sie sind es nämlich, die Deine Gedanken hervorrufen und Dein Handeln bestimmen und damit schlussendlich Deine Realität darstellen. Positive Affirmationen sind hilfreich, um Dir positive Denkmuster anzueignen und mehr Selbstvertrauen zu erlangen. Positive Affirmationen werden folgendermaßen angewendet:

- Deine ausgewählte Phrase entfaltet sich erst vollständig, ähnlich wie bei der Mantra-Meditation, wenn sie regelmäßig wiederholt wird. Du kannst Deine positive Affirmation zum Beispiel zu einem Teil Deiner morgendlichen oder abendlichen Routinen machen.
- Schaue in den Spiegel und sprich Deine ausgewählte Phrase laut aus.
- Positive Affirmationen haben gerade in herausfordernden Situationen eine besondere Wirkung.
- Stellt eine Situation eine große Herausforderung dar, spreche Deine Affirmation aus, nachdem Du tief durchgeatmet hast. Das kannst Du laut oder in Deinen Gedanken machen.
- Dein Unterbewusstsein verwendet Bilder. Wenn Du es voll und ganz von Deiner Affirmation überzeugen willst, schaffe ein Bild zu Deiner Phrase und visualisiere Deinen Erfolg.
- Schreibe Deine Phrasen auf. Dafür kannst Du einen Kalender oder ein Tagebuch verwenden. Aufgeschriebene Worte haben einen höheren Stellenwert. Du kannst auch kleine Klebezettel verwenden und diese überall im Büro oder in Deinen vier Wänden gut sichtbar aufhängen, damit Du immer wieder darauf schaust.

Visualisierung

Visualisierung, auch als Imagination bezeichnet, bedeutet nichts anderes, als dass Du Dir Zustände, die Du Dir in Deinem Leben wünschst, ganz gezielt und bewusst vorstellst. Gemeint ist die Vorstellungskraft. Das Wort setzt sich aus sich etwas vorstellen und aus Kraft zusammen. Dinge, die Du Dir vorstellst, haben eine ungemeine Kraft. Und das Visualisieren hilft Dir dabei, dass Deine Wünsche und Ziele in Erfüllung gehen. Genauer geschaut gibt es gleich vier Gründe dafür, wie das Visualisieren Deiner Wünsche und Ziele auf der mentalen und auf der körperlichen Ebene wirkt.

→ Realität – Vorstellung

Das Gehirn kann Deine Vorstellung nicht von der Realität unterscheiden. Hast Du das gewusst? Darum sind die Reaktionen auf geistiger und körperlicher Ebene nahezu identisch, ganz gleich, ob Du Dir etwas vorstellst oder es tatsächlich erlebst. Das Erlebnis muss auch gar nicht in Deiner Realität sein. Wenn Du Dir einen Film anschaust, empfindest Du Traurigkeit, wenn dem Hauptcharakter etwas Trauriges widerfährt. Passiert etwas Schönes, fühlst Du Freude und Glück. Jede Emotion hat Auswirkungen auf Deinen Körper. Verspürst Du bei einem Horrorfilm Angst, schüttet der Körper Stresshormone aus, der Blutdruck steigt, Dein Herz schlägt schneller und Deine Muskulatur verspannt sich. Jetzt kannst Du sicherlich ungefähr erahnen, dass mit richtigem

Visualisieren die Psyche und der Körper gezielt beeinflusst werden können. Durch die Visualisierung von Gedanken entsteht Dein eigener Film. Darin spielst Du die Hauptrolle.

→ Zuerst ist immer der Gedanke da

Menschen werden durch ihre Emotionen dazu gebracht, auf ihr persönliches Ziel hinzuarbeiten und mit Handlungen den Weg für die Zielerreichung zu ebnen. Doch was sind Emotionen? Emotionen sind Deine Gedanken. Wenn Du Deine Gedanken visualisierst, erschaffst Du aussagekräftige Bilder, die bei Dir starke Gefühle auslösen. Sie sind der Motor, damit Du Dich bewegst, um Dein Ziel zu erreichen.

→ Visualisieren ist wichtig für Dein Unterbewusstsein

Der Einfluss des Unterbewusstseins erstreckt sich über Dein Denken und Handeln. Beeinflusst Du selbst auch Dein Unterbewusstsein? Erfolgreiche Menschen sind wahre Könner im Selbstbeeinflussen. Sie nutzen nicht nur Affirmationen, sondern auch richtiges Visualisieren, indem sie dem Unterbewusstsein den vorgestellten Zustand präsentieren, den sie erreichen wollen. Das ist notwendig, da viele Entscheidungen unterbewusst getroffen und von Deinem Unterbewusstsein gesteuert werden. Darum ist die Einflussnahme auf das Unterbewusstsein durch Visualisierung so wichtig.

→ Das Gesetz der Resonanz, der Anziehung

Gemäß dem Gesetz der Anziehung ziehst Du all die Dinge an, die Du ausstrahlst. Wenn Du ständig meckerst und unzufrieden bist, passieren Dir negative Dinge. Hast Du hingegen eine positive, dankbare Einstellung, widerfährt Dir viel Positives. Versetzt Du Dich gefühlsmäßig und gedanklich in einen positiven Zustand, werden entsprechende Signale nach außen gesendet. Das Gesetz der Anziehung kannst Du so gezielt einsetzen, um Glück, Erfolg, Geld, Gesundheit oder die Liebe anzuziehen. Folgende Ziele kannst Du visualisieren:

- Erfolg im Beruf,
- Reichtum,
- Partnerschaft,
- Liebe,
- Heilung,
- Gesundheit.

Bei der Visualisierung geht um Deine ganz persönlichen, individuellen Ziele. Genau dabei richtest Du das Augenmerk auf den Erfolg.

Visualisierungsübung

Du bekommst nun eine detaillierte Anleitung, mit denen Dir das Visualisieren in drei Schritten gelingt. Wichtig ist, wenn Du den optimalen Effekt erzielen möchtest, dass Du die Reihenfolge beachtest.

1. Schritt – Du kennst Dein Ziel

Bevor Du mit der Visualisierung startest, ist die Definition Deiner Ziele wichtig. Denn nur mit dem genauen Wissen darum, was Du willst und wo Du hin möchtest, kannst Du eine exakte Vorstellung davon erzeugen. Am besten schreibst Du Dir so detailliert wie möglich Deine persönlichen Lebensziele auf. Damit schaffst Du Klarheit, kommst Deinem Ziel schon etwas näher und dem Unterbewusstsein zeigst Du damit, welche Richtung eingeschlagen werden soll.

2. Schritt – die Vorbereitung

Überlege Dir ein Bild, das die Zukunft zeigt, wenn Du das Ziel erreicht und Dein Wunsch in Erfüllung gegangen ist. Du kannst auch ruhig mehrere Ziele in diesem einen Bild zusammenfassen, achte aber darauf, dass Du so viele Details darin aufnimmst, wie eben möglich. Um eine detaillierte Szene zu erhalten, solltest Du Dich fragen, wo Du Dich gerade befindest, wer bei Dir ist und wie Du Dich genau fühlst.

3. Schritt – Beginne mit der Visualisierung

Um Deine Gedanken zu visualisieren, setzt Du Dich am besten hin, schließt die Augen, atmest einige Male tief durch und entspannst Dich. Nun versetzt Du Dich in genau in die vorher überlegte Situation und malst ein detailliertes Bild, dass die Szene in schillernden Farben darstellt, wenn Du das Ziel erreicht hast. Wenn alles optimal läuft, empfindest Du nun Gefühle wie Stolz, Dankbarkeit oder Freude.

Vielleicht schleicht sich ja auch ein Lächeln in Dein Gesicht. Der Schlüssel zum effektiven Visualisieren sind positive Emotionen. Gleichzeitig siehst Du, dass Dein Gehirn nicht unterscheiden kann, was Realität und was Vorstellung ist. Genieße den Moment und spüre genau die Wirkung, die das richtige Visualisieren mit sich bringt.

Drei Tipps zum richtigen Visualisieren

Du hast bereits die Basis-Technik an die Hand bekommen. Die folgenden Tipps zeigen Dir, wie Du Deiner Visualisierung noch mehr Effektivität verleihst, wie Du mit einem einfachen Trick den täglichen Fokus auf Deine Ziele behältst und welche Hilfsmittel es für starke Imaginationen gibt.

Tipp 1: Richtiges Visualisieren bedarf etwas Übung. Wenn Du die klassische Imagination nutzt, suchst Du Dir einen ruhigen Ort. Es geht aber auch anders. Denn Du kannst Visualisierung auch in den Alltag integrieren und nebenbei durchführen, indem Du dafür Deine Umgebung nutzt.

Du träumst davon, auf einer traumhaften Insel in der Südsee zu leben? Dann schließe die Augen für einen Moment und stell Dir vor, Du sitzt am Strand Deiner Trauminsel, wenn Du das nächste Mal in der Sonne sitzt und die Wärme genießt. Du hast den Traum, ein Mercedes Cabriolet zu fahren? Das nächste Mal, wenn Du mit dem Auto fährst, stellst Du Dir einfach vor, dass Du das Auto bereits hast und damit durch die Gegend fährst.

Tipp 2: Deiner Vorstellung kannst Du mehr Intensität verleihen, wenn Du zusätzlich Geräusche oder Musik nutzt. Stellst Du Dir vor, dass Du am Meer lebst, dann nutze eine CD mit Wellenrauschen oder mit sanften karibischen Klängen. Deine Vorstellung, wie Du beim Marathon über die Ziellinie läufst, verstärkst Du, indem Du Dir Jubelgeschrei anhörst.

Tipp 3: Das Vision Board ist eine sehr gute Möglichkeit, um täglich Deine Ziele zu visualisieren. Nur Ziele, die Du siehst, kannst Du auch erreichen. Stelle eine Collage aus Bildern, Fotos und Affirmationen zusammen, die die Verkörperung Deiner Wünsche, Träume, Visionen und Ziele darstellen. Was Dir ein Vision Board bringt, welche Wirkung es hat und wie Du es erstellst, erfährst Du gleich.

Visualisierung mit Meditation unterstützen

Meditieren verbessert nicht nur Deinen Fokus. Durch Meditation wird auch die Aktivität Deiner Gehirnwellen, die sogenannten Theta-Wellen verstärkt. Es stellt sich Entspannung ein. Außerdem sorgen sie für eine besondere Empfänglichkeit Deiner Visualisierung in Deinem Unterbewusstsein. Darum profitierst Du besonders, wenn Du Meditationsübungen durchführst. Du siehst Deine Wünsche und Ziele klarer und kannst sie erfolgreicher umsetzen. Es gibt aber noch weitere Gründe, weshalb meditieren für eine erfolgreiche Visualisierung interessant ist:

- Du empfindest stärkere Emotionen,

- Dämpfst Deinen inneren Kritiker, der negative Glaubenssätze verbreitet
- Du atmest konzentrierter und es stellt sich mehr geistige Ruhe ein.

Schaltest Du die kritische Stimme in Dir aus, erreichst Du einen Zustand von tiefer Ruhe und Entspanntheit. Da Dich Sätze wie „Das schaffst Du nicht" oder „das ist unrealistisch" nicht mehr belasten, werden die Bilder, die Du Dir vorstellst, deutlich intensiver. Es entstehen stärkere Emotionen, wodurch eine gesteigerte Wirkung der Visualisierung entsteht.

Geführte Visualisierung

Vorteilhaft ist eine selbst kreierte Visualisierung, weil diese passgenau auf Dein individuelles Ziel zugeschnitten ist. Hilfreich ist aber auch eine angeleitete Meditation, um Dinge überhaupt erst zu erkennen und anschließend zu visualisieren. Dabei schließt Du einfach die Augen und folgst einer Stimme in Deinen Gedanken, die Dir den Weg aufzeigt.

Vision Board – die Traumcollage, die Deine Visionen und Ziele verkörpert

Vision ist ein starkes Wort und ruft schnell den Gedanken hervor, dass etwas in Stein gemeißelt ist und diese eine Sache betrifft, die Du in Deinem Leben erreichen möchtest. Dem ist aber nicht so. Denn in Vision steckt viel Lebendigkeit und Dynamik darin. Darum solltest Du Dich nicht auf die eine große Vision, den einen großen Traum versteifen. Außerdem weißt Du doch gar nicht, was das Leben noch mit Dir vorhat.

Täglich gibt es Veränderungen, es eröffnen sich neue Wege und Du wächst an neuen Erfahrungen. Alles unterliegt einem stetigen Wandel, ganz gleich, was Du erlebst oder in Deinem Leben erreichen willst. Wenn Du mit einem Vision Board arbeiten möchtest, musst Du nicht dieses eine große Ziel haben. Egal wie groß oder klein Deine Träume, Ziele und Visionen sind, die Traumcollage kannst Du für alle nutzen.

Welchen Nutzen und Wirkung hat ein Vision Board?

Der Nutzen von einem Vision Board ist einfach erklärt. Es ist dafür da, dass Du Dich jeden Tag an Deine Ziele, Wünsche, Träume und Deine Gefühle erinnerst, die mit der Realisierung verbunden sind. Menschen können sich Dinge viel besser einprägen, wenn sie diese immer wieder vor Augen haben. Dadurch werden sie präsenter. Mit einem Vision Board zeigst Du Dir tagtäglich auf ein Neues Deine Visionen, Träume, Wünsche und Ziele auf.

Zitat: Nur wer sein Ziel kennt, findet den Weg.“ **Laozi**

Immer, wenn Du Dir das Vision Bord anschaust, animierst Du unterbewusst Dein Gehirn dazu, dass es im Sinne Deiner Ziele handelt. Es beschäftigt sind fortan unterbewusst damit, Möglichkeiten zu finden, um das Ziel zu erreichen.

Zitat: „Ziele zu setzen ist der erste Schritt das Unsichtbare in das Sichtbare zu verwandeln.“ **Tony Robbins**

Enorm hilfreich ist bereits das Erstellen von einem Vision Board, weil Du dadurch fokussierter an Deine Ziele herangehst. Denn zuerst musst Du Dir auch diese großen Fragen beantworten:

- Was ist eigentlich mein Ziel?
- Welche Wünsche habe ich für mein Leben?
- Wie schaut mein Leben in meiner Vorstellung aus?

Obendrein bringt Dir das Vision Board beim Betrachten einen tollen Motivationsschub, wenn es gerade einmal nicht so richtig mit dem Verfolgen der Ziele läuft.

So erstellst Du Dein eigenes Vision Board – eine Schritt-für-Schritt-Anleitung

1. Brainstorming – das Schönste kommt an erster Stelle

Direkt am Anfang darfst Du Dich einfach mit Deinen großen und kleinen Wünschen, Visionen, Träumen und Zielen beschäftigen, dabei Deiner Phantasie freien Lauf lassen und dazu einen Liste anfertigen. Darin trägst Du kleine Dinge ein, die sich leicht verwirklichen lassen und Deine ganz großen Träume und Wünsche, auch wenn Du nicht weißt, wie Du diese zu verwirklichen willst.

Es ist sehr sinnvoll, wenn Du zuerst mit den kleinen, realistischen Wünschen und Zielen startest. Vielleicht denkst Du jetzt, dass Du dafür kein Vision Board brauchst. Bedenke aber, dass selbst die kleinen Dinge einen tollen Effekt erzeugen. Denn damit sind konkrete Erfolgserlebnisse in greifbarer Nähe. Das ist pure Motivation und trainiert Deine Schaffenskraft. Womit Du Dein persönliches Vision Board füllen kannst, erfährst Du nun:

- Materielle Wünsche – welche Dinge möchtest Du gerne Dein Eigen nennen?
- Lebensbereiche – welche Wünsche hast Du für die Partnerschaft, Familie, das Berufsleben, Freundschaften, die Gesundheit, deine Finanzen oder Dein Privatleben?
- Gefühle – Welche Emotionen willst Du öfter spüren?
- Erlebnisse – was möchtest Du gerne erleben?
- Weiterbildung – was möchtest Du gerne lernen? (eine Sprache, ein Musikinstrument)
- Inspirierende Zitate – welche haben eine inspirierende Wirkung auf Dich?
- Positive Affirmationen oder ermutigende Worte – Nach welchen Worten oder Leitsätzen möchtest Du leben?
- Orte – wo und in welcher Atmosphäre entstehen besonders angenehme Gefühle?
- Verrückte Dinge – was ist für Dich völlig verrückt?
- Zeitspanne – was möchtest Du kurzfristig, mittelfristig und langfristig erreichen?

Tipp: Schaue Dir Deine verschiedenen Lebensbereiche einmal an und mache Dir Gedanken, welche Veränderungen Du Dir wünschst.

Beim Brainstorming schreibst Du mit einem Stift auf Papier, völlig wertfrei alle kleinen und großen Dinge herunter, egal wie verrückt, unrealistisch oder absurd diese im ersten Moment erscheinen mögen. Die aufkommenden Gedanken sind absolut egal.

Tipp: Damit Deine Liste mit Wünschen kontinuierlich wächst, fügst Du immer wieder neue Dinge hinzu, die Du auch gerne machen oder haben möchtest.

2. Bilderauswahl – die richtigen Bilder für Dein Vision Board ausfindig machen

Da Du jetzt weißt, welche Wünsche, Träume, Ziele und Visionen auf Dein Vision Board kommen, brauchst Du entsprechende Bilder, die diese verkörpern. Deine Wünsche und Visionen kannst Du auch in Textform auf Deiner Collage verewigen. Doch Dein Gehirn arbeitet mit Bildern, weshalb Du damit mit Abstand eine größere Wirkung erzielen wirst. Dadurch werden deutlich größere und stärkere Emotionen ausgelöst.

Verwende explizit Bilder, die in Dir angenehme Emotionen auslösen und Dich berühren. Solches Bildmaterial findest Du in Magazinen, Zeitschriften und im Internet. Am einfachsten ist die Internetrecherche mit der Google-Bildersuche. Du bekommst gleich eine große Auswahl angeboten und musst nicht erst zahlreiche Zeitungen und Magazine wälzen, um das passende Bild zu den Zielen in Deiner Liste zu finden. Diese kannst Du auf Deinem Rechner abspeichern und anschließend zusammen ausdrucken.

Tipp: Wünschst Du Dir Bilder in einer guten Qualität, kannst Du sie auf einen Stick ziehen und im nächsten Drogeriemarkt ausdrucken lassen. So brauchst Du keine zusätzlichen Programme. Die Automaten im Drogeriemarkt drucken verschiedene Bildformate wie zum Beispiel Fotostreifen, die sich sehr schön in das Vision Board integrieren lassen. Du kannst Dein Vision Board digital erstellen und ausdrucken.

Für Deine Ziele ist das digitale Erstellen eines Vision Board gut geeignet, da Du hierbei immer ganz einfach Bilder austauschen kannst. Bei der digitalen Variante geht es um generelle Werte und Dinge, die Dir in Deinem Leben wichtig sind und die Du mit Bildern darstellst. Das können Bilder von einem gemütlichen Zuhause, strahlende Menschen oder ein Foto von Dir und Deinem besten Freund sein. Auf Deinem Vision Board hältst Du im Allgemeinen eine Stimmung oder Atmosphäre fest und weniger Deine konkreten Ziele, die Du erreichen und abhaken willst.

3. Bilder auf Deinem Vision Board befestigen und perfekt in Szene setzen

Das Vision Board für Dein Zuhause kannst Du in Form einer Collage anfertigen. Dafür nimmst Du einen Fotokarton oder Ähnliches und befestigst Deine ausgewählten Bilder darauf, wobei Du dabei keine Reihenfolge einhalten musst. Als Vision Board ist auch eine klassische Pinnwand ideal. Um die Bilder in Szene zu setzen, hast Du verschiedene Möglichkeiten. Sie lassen sich mit Magneten am Kühlschrank, an einer Tafel, an einem Memo- oder Klemmboard, auf einem schönen Holzbrett oder an einer Schnur mit kleinen Wäscheklammern befestigen. Vielleicht hast Du irgendwo einen nicht genutzten Bilderrahmen herumstehen, den Du als Vision Board verwenden kannst. Bei der Gestaltung und dem Aufbringen der Bilder sind Deiner Kreativität keine Grenzen gesetzt. Hauptsache ist, dass es Dich glücklich macht, wenn Du Dein Vision Board anschaust.

4. Der beste Platz für Dein Vision Board

Suche Dir für Dein Vision Board einen Platz, einen Ort, an dem Du es immer siehst, wo es Dir möglichst häufig in den Blick fällt. Ein guter Ort ist zum Beispiel an Deinem Arbeitsplatz direkt über dem Bildschirm, weil Du Dich dort mindestens 8 Stunden am Tag aufhältst.

5. Gezielte Visualisierung

Schon beim Erstellen und regelmäßigen Betrachten entfaltet das Vision Board seine Wirkung. Gezielt erhöhen kannst Du die Wirkung aber, wenn Du ein paar Minuten lang und in aller Ruhe die Bilder auf Deiner Traumcollage auf Dich wirken lässt. Suche Dir zudem einzelne Bereiche von Deinem Vision Board heraus und stelle Dir lebhaft und bildlich mit geschlossenen Augen, dass Du dieses Ziel bereits erreicht hast und nimm die dabei entstehenden Gefühle intensiv wahr. Schon alleine Deine Vorstellungskraft kann zu Glücksgefühlen führen. Sie verstärken den Wunsch in Dir, das Ziel tatsächlich zu erreichen.

Meditation

Die Meditation ist ein guter Weg, um belastende Dinge loszulassen, zu Dir selbst zu finden und mehr Selbstbewusstsein zu erlangen. Wenn Du meditierst, wirst Du recht schnell die positiven Auswirkungen spüren, die auch sehr hilfreich sind, wenn Du das Gesetz der Anziehung für Dich nutzen möchtest. Die Vorteile, die Meditation mit sich bringt, sind fantastisch, weil Du damit eine perfekte Basis hast, um Deine Wünsche, Träume und Visionen erfolgreich anzuziehen. Denn durch Meditation

- kannst Du bei Stress einfacher wieder herunterkommen,
- schneller entspannen und neue Energie sammeln,
- innere Stärke gewinnen,
- selbstbewusster werden,
- Ängste in den Griff bekommen und
- negative Gedanken loswerden.

Schon nach wenigen Meditationseinheiten fühlst Du Dich besser und spürst, dass Du fokussierter bist und klarere Gedanken hast. Dadurch kannst Du Deine Ziele, Visionen,

Träume und Wünsche einfacher visualisieren und es fällt Dir leichter, etwas in die richtige Richtung zu verändern.

Möchtest Du Meditation lernen, solltest Du die Grundprinzipien kennen. Die Formen der Meditation unterscheiden sich in der äußeren Erscheinung und der inneren geistigen Haltung. Verwendung finden häufig diese zwei Meditationsarten:

- kontemplative Meditation sowie
- aktive Meditation.

Kontemplative Meditation: Dabei sitzt, stehst oder liegst Du und bewegst Dich nicht. Darum wird diese Methode auch als passive Meditation bezeichnet. Dazu gehören beispielsweise die Samatha-, die Vipassana und die Zazen-Meditation. Viele moderne Achtsamkeitsübungen sind von diesen Formen der Meditation abgeleitet.

Aktive Meditation: Dabei wird die Stimme verwendet, körperliche Übungen durchgeführt und Du integrierst Achtsamkeit in Handlungen. Zu dieser Art von Meditation werden zum Beispiel bestimmte Kampfkunststile, Yoga und Tantra gezählt.

So unterschiedlich die Meditationsarten auch sind – der essenzielle Kern ist das Konzentrieren und das Bündeln Deiner Aufmerksamkeit. Du kannst Dich dabei auf bestimmte Dinge konzentrieren, beispielsweise auf Deine Gedanken und Deine Emotionen oder auf ein Bild, das Du durch Visualisierung erzeugt hast.

Grundsätzlich geht es bei der Meditation darum, Deinen Geist zu beruhigen und zu fokussieren. Machst Du das über einen längeren Zeitraum, profitierst Du von zahlreichen positiven Effekten, die dazu führen, dass Dir das Gesetz der Anziehung bei der Wunscherfüllung zur Seite steht. Es gibt allerdings wichtige Grundregeln, die Du kennen solltest:

- **Hab Geduld!** Meditation kann, muss aber nicht direkt von Anfang an funktionieren. Es wird immer wieder Tage geben, an denen das Meditieren nicht klappt und die Gedanken abschweifen. Das ist ganz normal.
- **Gehe freundlich und liebevoll mit Dir selbst um!** Da es bei der Meditation kein Ziel gibt, brauchst Du weder Dir noch anderen Personen etwas zu beweisen. Darum akzeptiere sie so, wie sie ist. Wenn Du nur ein paar Minuten meditierst, ist das genauso wertvoll, als wenn die Meditation 30 Minuten dauert. Du hast Dir für die Meditation Zeit genommen, und dass ist das einzige, was zählt.
- **Finde die richtige Meditation für Dich!** Jeder meditiert anders, weshalb mitunter einige Versuche notwendig sind, bis Dir das Meditieren gelingt. Es heißt doch so schön: „Probieren geht über Studieren“ und ist völlig in Ordnung.

Nimmst Du diese drei Punkte mit in die Praxis, steht der Meditation nichts mehr im Wege. Es gibt verschiedene Übungen, die Du zu Hause, in freier Natur und sogar auf der Arbeit durchführen kannst. Wähle die Übung aus, mit der

Du Dich am besten identifizieren kannst und probiere es aus. Alleine der Versuch zählt.

Sieben Meditationsübungen zum Ausprobieren

Mantra-Meditation

Wenn Du Meditation hörst, denkst Du sicherlich als erstes an das klassische „Om“, das als Mantra bei der Meditation eingesetzt wird. Du musst aber nicht zwingend diese Sanskrit-Silbe verwenden, sondern kannst Dir auch Dein eigenes Mantra aussuchen. Um Dich sanft aus der Meditation herauszuholen, kannst Du ruhig einen Timer verwenden. Nimm eine bequeme Position ein und Deine Atmung passt Du Deinem Mantra an. Du kannst es leise in Deinem Kopf oder laut aussprechen. Hilfreich ist, wenn Du an etwas Schönes denkst. Weiche nicht von Deinem Mantra ab, damit es Dich durch Deine Meditation führt.

Nasenatmung

Sie ist auch eine Meditationsübung, die Du überall durchführen kannst. Dabei wird mit Deiner Atmung gearbeitet. Du atmest dreimal tief durch Deine Nase ein und durch den Mund wieder aus. Zähle bis vier beim Einatmen und bis acht beim Ausatmen. Die Nasenatmung kannst Du fünf Minuten lang wiederholen. Indem Du Dich auf den Atem konzentrierst, kommst Du bald zur Ruhe. Dein Gehirn bekommt neue Energie und kann sich wieder besser auf Dich selbst konzentrieren.

Geh-Meditation

Für die Meditation ist nicht zwingend eine starre Position notwendig. Deshalb kannst Du auch beim Gehen meditieren. Wähle eine kurze Strecke, die Du auf und ab läufst und weiche nicht von diesem Weg ab. Lege Deine Konzentration auf die einzelnen Muskeln in Deinen Beinen und spüre sie beim Gehen. Stimme Atmung und den Gehrhythmus aufeinander ab. Hierbei kannst Du auch Dein Mantra immer leise für Dich selbst wiederholen.

Sinnerlebnis

Hierbei sind Deine fünf Sinne gefordert. Du konzentrierst Dich bei dieser Meditationsübung auf Hören, Riechen, Schmecken, Tasten und Sehen für jeweils 30 Sekunden. Hast Du Dich zum Beispiel für 30 Sekunden auf das Hören konzentriert, versuche 30 Sekunden abzuschalten, bevor Du mit dem nächsten Sinn fortfährst. Das dient zur Vorbereitung. Deine Konzentration auf Deine Sinne wiederholst Du dreimal.

Achtsamkeitsmeditation

Hierbei handelt es sich um eine Meditationsform, bei der es ausdrücklich um die Aufmerksamkeit geht. Du erspürst dabei Deinen Körper. Es gilt nicht der Körper als Ganzes zu erspüren, sondern Stück für Stück. Das bedeutet, dass Du mit den Füßen startest und Dich als Erstes auf Deine Zehen konzentrierst. Erspüre, wie sich diese gerade anfühlen. Sind die Zehen warm oder kalt, verkrampft oder entspannt? Anschließend gehst Du langsam aufwärts, bis Du beim Kopf angelangt bist. Sind an einer Stelle oder in einem Bereich Verspannungen vorhanden, versuche diese mit intensivem Hineinatmen zu lösen. Funktioniert das nicht, gilt es, diese nur wahrzunehmen und nicht zu bewerten.

Meditieren und visualisieren

Mit einer Kombination aus Meditation und Visualisierung begibst Du Dich in Deinen Gedanken auf die Reise, wobei das Ziel ein besonders schöner Ort ist. Mithilfe Deiner Vorstellungskraft versuchst Du nun, Dich zu entspannen und angenehme Emotionen auszulösen. Wähle einen Ort oder Platz aus, der eine ausschließliche Verbindung mit positiven Gefühlen darstellt. Dort begibst Du Dich in Deinen Gedanken hin. Den Ort kannst Du in der Vergangenheit kennengelernt haben. Genauso solltest Du die Möglichkeit nicht außer Acht lassen, einen imaginären Ort zu erschaffen, den Du Dir in allen Details ausmalst und mit all Deinen Sinnen wahrnimmst. Du hörst das Rauschen der Wellen, riechst den typischen Geruch von Meer, schmeckst das Salz in der Luft und spürst unter Deinen Füßen den Sand. Diesen persönlichen Wohlfühlort speicherst Du ab. Du kannst ihn jederzeit in Deinen Gedanken hervorrufen, um Entspannung und Ruhe zu finden, wenn Du diese benötigst.

Die Erdung

Bei Meditation wird auch oftmals über die Erdung gesprochen. Dabei geht es darum, dass Du die Erde spürst und

Dich mit dieser Basis verbindest. Um diese Meditationsübung durchzuführen, begibst Du Dich in eine Meditationshaltung, die bequem für Dich ist. Nun stellst Du Dir mithilfe Deiner Vorstellungskraft vor, wie sich Deine Füße mit dem Boden verbinden und Wurzeln bilden. Diese reichen tief in die Erde hinein und schaffen eine feste, starke Verbindung, die Dir Stabilität und ein sicheres Gefühl verleiht. Die Dinge, die Dich belasten, kannst Du nun über die Wurzeln in die Erde leiten. Danach nutzt Du Deine Vorstellungskraft dafür, um Energie und Kraft durch die Wurzeln in Deinen Körper strömen zu lassen. Sie strömt durch die Füße, Beine, Arme, den Rumpf bis hinauf zu Deinem Kopf. Fühle in Deinem Körper die Kraft der Erde. Am Ende der Meditation löst Du die Wurzeln auf sanfte Weise wieder auf.

Grundsätzlich verfolgen Menschen immer irgendwelche Ziele. Das ist nicht falsch, kann mitunter aber zu Leistungsdruck, Stress und wenig Selbstvertrauen führen. Dadurch bremst Du Dich selbst aus und verhinderst, dass Du Deine Ziele erreichst und Erfolg, Geld, Liebe, Glück, Gesundheit und Zufriedenheit anziehst. Ein guter Gegenpol stellt die Meditation dar. Wenn Du meditierst, arbeitest Du am großen Ganzen und nicht auf den einen Punkt hin.

Die beschriebenen Meditationsübungen sind ideal zum Ausprobieren. So kannst Du herausfinden, welche Meditationsart am besten zu Dir passt und sich perfekt in Dein Leben integrieren lässt. Es wird vielleicht einige Zeit dauern, bis Du Deine Routine gefunden und eine Verknüpfung zwischen

Alltag und Technik gefunden hast. Für Veränderungen und die Konditionierung sind immer starke und vor allem positive Gedanken wichtig.

Hast Du es geschafft, Meditation als festen Bestandteil in Deine Routinen aufzunehmen, bekommst Du ein positives Körpergefühl und Zufriedenheit. Du musst Dich nur auf die Meditation einlassen und bald wirst Du spüren, wie wohltuend regelmäßiges meditieren ist.

Dankbarkeitsübungen

Wenn Anerkennung, Wertschätzung und Dankbarkeit tief aus dem Herzen entspringen, erzeugen sie wahre Hochgefühle. Indem Du Dein Augenmerk auf positive Dinge in Deinem Leben legst und eine gute Stimmung hervorrufst, ziehst Du noch mehr von diesen positiven Dingen an. Viele Menschen brauchen dafür eine stark ausgeprägte Achtsamkeit, damit eine dankbare Einstellung beibehalten werden kann. Denn von Kindesbeinen an wurdest Du konditioniert, Dich darauf zu fokussieren, was Du nicht hast, anstelle dankbar für die Dinge zu sein, die Du hast. Dankbarkeit kannst Du aber trainieren.

Dankbarkeitsübungen – einfache Helfer, um Dich neu zu konditionieren

Vielleicht zweifelst Du daran, dass diese Übungen überhaupt funktionieren. Die Wirkung solltest Du aber nicht unterschätzen und es einfach einmal ausprobieren, indem

Du die Dankbarkeitsübungen auf die eine oder andere Art verwendest. Mit der Zeit kommst Du bestimmt an den Punkt, an dem es so gut wie nichts mehr gibt, was Ärger und Frust bei Dir erzeugt. Und für die ständig jammernden und meckernden Personen in Deinem Umfeld wirst Du Mitleid empfinden. Belohnt wird jeder durch das Gesetz der Anziehung, der für die Dinge, die er hat, dankbar ist. Obendrein bringt Dir das Resonanzgesetz noch mehr, wofür Du dankbar sein kannst. Um Dich von alten Glaubenssätzen zu trennen und neu zu konditionieren, helfen Dir die folgenden Dankbarkeitsübungen:

- aufschreiben, wofür Du dankbar bist,
- Menschen Wertschätzung entgegenbringen,
- das Dankbarkeitsspiel,
- Talisman,
- Selbstverständliches anerkennen und wertschätzen,
- dankbar für Dich selbst sein.

Bevor Du mit den Dankbarkeitsübungen startest, noch ein kleiner Tipp: Mache Deine Dankbarkeitsübung zu einem festen Ritual. Wähle bestenfalls immer dieselbe Uhrzeit und plane ein paar Minuten Zeit ein. Genauso wie das Zähneputzen wird die tägliche Dankbarkeitsübung zur Routine. Dadurch bekommst Du jeden Tag mehr Zufriedenheit und Du wirst glücklicher.

Aufschreiben, wofür Du dankbar bist

Das tägliche Aufschreiben von Dingen, wofür Du dankbar bist, ist die gängigste Dankbarkeitsübung. Das machst Du am besten morgens, wenn Du aufgestanden bist. Du schreibst auf einem Blatt nieder, für welche Dinge Du dankbar bist und schaust genau auf die positiven Gefühle, die bei Dir ausgelöst werden. Es ist hilfreich, wenn Du Dich fragst, warum Du für das eine oder andere dankbar bist.

Vielleicht stellt sich bei Dir Dankbarkeit ein, wenn Du an Deine Kinder, die Familie, den Partner, das Haustier, die beste Freundin oder einen Mentor denkst und Du empfindest Glücksgefühle. Es können aber auch Erinnerungen an die Beförderung im Job oder eine schöne Reise sein, für die Du dankbar bist. Schreibe alle Dinge innerhalb von sieben Minuten auf, die Dir einfallen. Dieser Zeitraum wird in etwa gebraucht, bis Du Dich selbst in eine gute, positive Stimmung gebracht hast. Deine positive Stimmung zieht weitere gute Dinge an.

Menschen Wertschätzung entgegenbringen

Suche Dir drei Menschen aus, die Dein Leben bereichert haben und bedanke Dich bei ihnen. Das kannst Du schriftlich, per Telefon oder persönlich machen. Leider ist es oftmals zur Selbstverständlichkeit geworden, was andere Menschen und besonders die eigene Familie für Dich machen und nur ganz selten bekommen sie für ihre Fürsorge ein Dankeschön.

Vielleicht gilt es ja auch einen Mentor, der Dir sehr viel beigebracht hat, bei dem Du dafür Danke sagen möchtest.

Das Dankbarkeitsspiel

Neben den ganzen Dankbarkeitsübungen findest Du auch das sogenannte Dankbarkeitsspiel. Dafür suchst Du Dir am Tag einen bestimmten Zeitraum aus. In diesem Zeitfenster bringst Du allem, was Du siehst, Anerkennung und Wertschätzung entgegen. Das kann zum Beispiel der Weg von der Arbeit nach Hause sein, das Straßenschild, das am Wegesrand steht, die Bäume entlang der Landstraße oder die öffentlichen Verkehrsmittel, mit denen Du zur Arbeit und wieder nach Hause fährst. Auch die Sonne, die Dich wärmt oder der Regen, der die Natur zum Leben erweckt. Selbst Situationen, denen Du nichts Positives abgewinnen kannst, solltest Du versuchen, positiv zu sehen. Siehst Du nämlich nur das Gute, ist kein Platz für negative Gedanken vorhanden. Du kannst nicht gleichzeitig positive und negative Gedanken haben!

Talisman

Du solltest Dir einen Handschmeichler, einen Stein in Herzform, einen Talisman oder einen Kristall zulegen, den Du immer griffbereit bei Dir trägst. Immer wenn Du diesen berührst, erinnert er Dich an die Dankbarkeit. Besonders sinnvoll ist ein solcher Talisman, wenn Du den Fokus verlierst und mit Deinen Gedanken abschweifst. Wenn Du den Talisman, den Stein oder Kristall berührst, atmest Du einmal tief durch, sammelst Dich und konzentrierst Dich wieder darauf, dankbar zu sein. Bemühst Du Dich intensiv und trainierst Du dementsprechend, dann wirst Du immer mehr finden.

Selbstverständliches anerkennen und wertschätzen

Für viele Menschen ist es selbstverständlich, dass sie ein Dach über dem Kopf, Kleidung und Essen auf dem Tisch haben. Es gibt so vieles, was wir als selbstverständlich erachten und darum gar nicht mehr wertschätzen. Gleichberechtigung und Freiheit, die Du in Europa genießt, sind in anderen Ländern keine Selbstverständlichkeit. In anderen Ländern müssen Menschen zum Beispiel für sauberes Wasser viele Kilometer zurücklegen. Es ist auch nicht selbstverständlich, dass dort die Kinder zur Schule gehen können. Es gibt so unendlich vieles, das Du anerkennen, wertschätzen und wofür Du dankbar sein kannst.

Dankbar für sich selbst sein

Sich selbst Dankbarkeit entgegenbringen ist eine der wichtigsten Übungen. Am Anfang wirst Du Dich sicherlich erst einmal daran gewöhnen müssen. Doch nach kurzer Zeit zeigen sich die positiven Effekte. Am Abend stellst Du Dich vor Deinen Spiegel und bist für alle Dinge, die Du am heutigen Tag erreicht hast, dankbar. Vielleicht hast Du Dein Fitness-Work-out heute erfolgreich absolviert, verschiedene Aufgaben im Job erledigt und ein neues Projekt angefangen oder einer anderen Person ein Lächeln geschenkt. Selbst die kleinsten Aktivitäten solltest Du anerkennen. Denn damit erreichst Du eine Veränderung Deines gesamten Mindsets, entwickelst gleichzeitig mehr Selbstbewusstsein und steigerst Dein Selbstwertgefühl.

Das Erfolgsjournal

Weißt Du, welche Gemeinsamkeit fast alle erfolgreichen Persönlichkeiten haben? Sie verwenden ein Erfolgsjournal, um ihre täglichen Ziele, Gedanken, Visionen und Erfolge darin niederzuschreiben. Es ist keine zufällige Gemeinsamkeit, sondern vielmehr eine gute Angewohnheit, auch im heutigen digitalen Zeitalter, wo Du alles mit dem Computer machen kannst. Indem Du einen Stift und ein leeres Journal zur Hand nimmst und Deine täglichen Ziele, Gedanken, Visionen und Erfolge aufschreibst, verfestigen sich bestimmte Routinen und Gedanken deutlich besser, als wenn Du diese einfach in Deinen Computer tippst. Das haben verschiedene Studien bewiesen, die unter anderem von Pam A. Mueller und Daniel M. Oppenheimer durchgeführt wurden. Demnach zeigt sich, dass Stift und Papier eine bessere Gedächtnisleistung bereitstellt, als wenn Du Dir Notizen auf dem Rechner machst. Durch handschriftliches Aufschreiben

- visualisierst Du Deine Ziele,
- verschaffst Dir einen Überblick,
- steigerst Deine Motivation und
- erhöhst Deine Zufriedenheit.

Was gehört aber in ein Erfolgsjournal?

Was Du in Dein Erfolgsjournal schreibst, steht immer im Zusammenhang mit Deinen ganz persönlichen Vorstellungen, Wünschen, Visionen und Zielen. Wenn Du gerade erst mit einem Erfolgsjournal startest, achte darauf, dass Du erreichbare Ziele niederschreibst. Ist Dein Ziel, bis zum Jahresende ein Gehalt von einer Million zu bekommen und Du verdienst im Jahr nur 40.000 Euro, wirst Du das Ziel in der festgelegten Zeit nicht erreichen. Es sei denn, Du gewinnst im Lotto oder Du erbst viel Geld.

Deine Ziele, Wünsche, Träume und Visionen müssen nicht monetärer Natur sein. Du kannst alle Ziele darin aufschreiben wie zum Beispiel, dass Du Dich im sportlichen Bereich verbessern, die Liebe Deines Lebens finden oder im Job Karriere machen möchtest. Fängst Du gerade erst mit Deinem Erfolgsjournal an, kannst Du zu Beginn noch keine großen Erfolge verbuchen. Darum ist es essenziell, dass Du mit vermeintlich kleinen Dingen anfängst und diese aufschreibst. Führe jeden Tag Dein Erfolgsjournal, auch wenn Du glaubst, dass einmal die Woche ausreicht.

Wünschst Du Dir Erfolg, Geld und Wohlstand, solltest Du täglich fünf Dinge in Deinem Erfolgsjournal notieren, die Dir sehr gut gelungen sind. Schreibe nicht nur die bahnbrechenden Erfolge, sondern auch unbedingt die Kleinigkeiten beziehungsweise die kleinen Erfolge auf. Diese gehen ansonsten unter.

Fortgeschrittene Verwender von einem Erfolgsjournal tragen auch ihre Ziele dort ein. Sie dienen dazu, um Dich zu optimieren und Deine persönliche Entwicklung im Blick zu haben.

So gehst Du am besten bei Deinem Erfolgsjournal vor

Genauso individuell wie Du selbst ist auch Dein Erfolgsjournal. Du kannst Dir ein vorgefertigtes Modell kaufen, ein Tagebuch oder Notizbuch wählen oder Blätter in einem Ordner abheften. Nutze die Variante, die Dir am besten gefällt. Es gibt zum Führen des Erfolgsjournals einige allgemeingültige Tipps, die Du berücksichtigen solltest.

- Schreibe immer mit der Hand und wähle ein schönes Schreibgerät, denn das Schreiben mit der Hand ist vorteilhaft, um Routinen zu verinnerlichen. Gleichzeitig verarbeitest Du Deine Gedanken besser.
- Nutze am Anfang am besten strukturiere, vorgefertigte Erfolgsjournale. Sie bieten Dir eine Struktur und Gliederung, wenn Du keine klare Vorstellung hast, wie Du das Journal gestalten sollst.
- Schreibe täglich Deine kleinen und größeren Erfolge in Dein Erfolgsjournal, auch wenn das vielleicht etwas Zeit in Anspruch nimmt. Wenn Du Dinge als nicht erwähnenswert in Deinem Journal ansiehst, kann schnell die Motivation verloren gehen und sich sogar in Frust umwandeln.

- Schreibe morgens Deine kleinen und großen Erfolge und Ziele in Dein Erfolgsjournal. So gelingt es Dir, ein Resümee des vorherigen Tages zu ziehen. Damit kannst Du den neuen Tag planen, überdenken und Dich orientieren.

Dritter Teil – Der Erfolgskalender

Ziele und bereits erreichte Erfolge sichtbar machen mit einem Erfolgskalender und manifestieren

Einen Erfolgskalender anzuschaffen und zu führen, ist eine sehr gute Möglichkeit, um Dir Deine Ziele und Erfolge sichtbar zu machen. Erfolgs- beziehungsweise sogenannte Wunschkalender bekommst Du in verschiedenen Ausführungen. Die meisten sind wie ein Tagebuch gestaltet und bieten Dir für 52 Wochen viel Platz für Deine Eintragungen. Vorhanden sind kleine Tabellen, in denen Du 5 Ziele, Teilziele und entsprechende Übungen eintragen kannst. Fokussiere Dich dabei auf das Wesentliche. Du kannst darin Deine Erfolge notieren und Dich auf das konzentrieren, was Du geleistet hast.

So kannst Du genau beobachten, wie Du Dich entwickelst. Das Führen eines Erfolgskalenders ist einfacher als Du vielleicht im ersten Moment denkst, gerade wenn Du Dir ein fertiges Exemplar zulegst, das Du nur noch ausfüllen brauchst. Er bietet Platz für Deine Ziele, Visionen und für

Übungen, die Du dort eintragen kannst. Bei einem Erfolgskalender ist essenziell, dass Du ihn mit Regelmäßigkeit führst. Am Anfang wird es Dir vielleicht doch etwas schwer fallen, Wünsche, Träume, Visionen und Ziele zu konkretisieren. Doch wie bei allem im Leben bringen Dich auch hierbei die Kontinuität und das Fokussieren weiter.

Wie funktioniert ein Erfolgskalender?

In einem Erfolgskalender mit Wochenübersicht definierst Du im ersten Schritt zu den vier großen Lebensbereichen Arbeit, Kontakte, Gesundheit und Freizeit Deine Wünsche und Ziele. Anschließend überlegst Du Dir, was für Dich eine Herausforderung darstellt und worauf Du Dich freust. Integriere zudem Übungen, die Dich bei der Erreichung Deiner ganz persönlichen Ziele unterstützen.

Bedenke immer, dass Du nicht an Deinen Erfahrungen wächst. Du wächst an der Reflexion der Erfahrungen. Innezuhalten und Dir in regelmäßigen Abständen vor Augen halten, was Du alles erreicht hast, hilft beim Entschleunigen und sich auf die Dinge zu fokussieren, die Dich wirklich weiterbringen und Veränderungen herbeiführen. So gelingt es Dir auch, das Gesetz der Anziehung für Dich zu nutzen und Deine ganz persönlichen Ziele zu realisieren.

Ein Erfolgskalender bietet auch Platz für Notizen und hat weitere Rubriken, wo Du am Ende eines jeden Tages Deine persönlichen Erfolge eintragen kannst. Es gibt auch einen Bereich, der als „To-do-Liste“ dient. Dort trägst Du unter anderem die Übungen ein, die Du an diesem bestimmten Tag durchführen möchtest. Neben etlichen freien Feldern zum Eintragen findest Du auch Punkte wie Morgenroutine, Dankbarkeit, Abendroutine und Gewohnheiten tracken, die Du anschließend abhaken kannst.

Die Gestaltung von Erfolgskalendern ist genau darauf ausgelegt, dass Du Dich besser fokussierst und Deine Wünsche, Träume, Visionen und Ziele nicht aus dem Blick verlierst. Du arbeitest jeden Tag an Dir, um Dich zu erden, neue Sichtweisen zu erhalten, Veränderungen in Deiner Denkweise herbeizuführen und alles anzuziehen, was Du Dir in Deinem Leben wünschst. Damit öffnest Du Dich für das Gesetz der Anziehung, bestärkst Dich selbst und kannst Deine Energie und Kraft darauf verwenden, fokussiert zu bleiben.

Anleitung zum Führen eines Erfolgskalenders

Am übersichtlichsten sind Wunschkalender, die für jede Woche eine Doppelseite bereitstellen und gleichzeitig Platz für zusätzliche Notizen bieten. Doch was trägst Du nun in die einzelnen Felder oder Tabellen ein? Das zeige ich Dir nachfolgend anhand eines beispielhaften Aufbaus für einen Tag in Deinem zukünftigen Erfolgskalender:

Zu Beginn des Tages

1. Ich bin dankbar für …
2. Meine Ziele für den heutigen Tag sind …
3. Geplant habe ich heute Folgendes …

Am Abend

4. Was habe ich heute Schönes erlebt? Welche positiven Dinge sind mir heute widerfahren?
5. Heute habe ich einer Person etwas Gutes getan oder jemanden glücklich gemacht …
6. Folgendes will ich ab morgen besser machen …

Ganz wichtig ist beim Ausfüllen des Erfolgskalenders, dass Du Deine Ziele klar definierst. Nimm Dir zuallererst die Zeit, um bestimmte Ziele für das Jahr und Deine Lebensziele zu definieren. Was willst Du bis zum Ende des Jahres erreichen. Achte darauf, dass Du Deine Ziele, Träume, Wünsche und Visionen positiv formulierst. Dabei solltest Du Dir nicht die Frage stellen, wie Du diese Ziele erreichen kannst, sondern schreibe sie neutral und wertungsfrei einfach auf.

Beispiele:

- In mein Lieblingsland auswandern und dort arbeiten.
- Karriere machen und mehr Geld verdienen.
- Gesünder ernähren und selber kochen.
- Heiraten, Kinder bekommen, Haus bauen.
- Endlich mit dem Rauchen aufhören.
- In einem Vier-Sterne-Restaurant dinieren.
- Eine Weltreise machen und sämtliche Kontinente besuchen.

- Ein Haustier zulegen.
- Mit meiner eigenen Idee selbstständig machen.
- In die Karibik reisen, am Strand liegen und nichts tun.
- Den Flugschein oder Segelschein machen.
- Eine zweite Fremdsprache aneignen.
- Mehr Sport machen.

Ist das Jahr vorbei, kannst Du in Deinem Erfolgskalender wieder zu Deinen Zielen zurückblättern und schauen, welchem Du etwas näher gekommen bist. Hast Du schon einige Ziele erreicht oder fehlt noch etwas? Vielleicht hat sich ja das eine oder andere Ziel auch verändert oder es haben sich neue Visionen aufgetan, die Du erreichen willst. Das ist ganz normal, weil sich Dein Leben ja auch stetig verändert. Überarbeite Deine Ziele und definiere sie neu.

Beim täglichen Ausfüllen des Erfolgskalenders legst Du Ziele fest, die Du auch erreichen kannst. Vielleicht abreitest Du ja an einem Projekt und stehst kurz vor der Fertigstellung. Dann könnte Dein Ziel für den heutigen Tag die Fertigstellung sein. Suche Dir fünf Ziele aus, die Du an einem Tag erreichen möchtest. Diese können beispielsweise folgendermaßen gestaltet sein:

Einem Mitarbeiter sagen, dass er gute Arbeit geleistet hat
Eine Stunde Sport machen
Etwas gesundes essen
Dankbarkeitsübungen durchführen

Das neue Projekt anfangen
Ein gutes Gespräch mit einem Kollegen führen
Eine Stunde Zeit für mich nehmen
Meine Gedanken in eine positive Richtung lenken
Eine neue Meditationsübung ausprobieren

Mit dem Chef über eine Gehaltserhöhung sprechen
Keine Angst haben, meine Meinung zu sagen
Mich annehmen, so wie ich bin
Dem Partner zeigen, dass er ein wichtiger Bestandteil meines Lebens ist
Heute Abend ein Runde Joggen gehen

Die hier aufgeführten Ziele sind nur Beispiele und lassen sich natürlich durch Deine ganz eigenen Ziele, Wünsche, Träume und Visionen ersetzten. Hast Du zum Beispiel vor, in Dein Lieblingsland auszuwandern und dort zu arbeiten, stellt dieses das Hauptziel dar, das Du in Teilziele unterteilen solltest. Die Teilziele richten sich nach den Prioritäten und den Dingen, die Du erledigen musst, um das große Ziel zu erreichen, das Du Dir vielleicht für dieses Jahr vorgenommen hast. Vergiss bei der ganzen Organisation und der Planung nicht, dass Du unterschiedliche Übungen immer wieder in Deinen Alltag mit einbeziehst, um Dich nicht von Deinem großen Ziel abbringen zu lassen.

Formuliere Deine Ziele konkret!

Je genauer Du Dir ein Ziel setzt, desto besser kannst du an dessen Erreichung arbeiten. Im Klartext heißt das, dass Du am besten alles mit einem genauen Datum und die kleineren Teil- und Tagesziele sogar mit einer genauen Uhrzeit versiehst. Somit hast Du eine Deadline, die dir einen gewissen Antrieb verleiht und Du kommst weniger in die Verlegenheit Deinen Erfolg aufzuschieben.

Wann sind welche Übungen sinnvoll und wie häufig solltest Du diese durchführen?

Du hast mittlerweile viel über unterschiedliche Techniken und Übungen erfahren, die Du in Deinen Erfolgskalender unbedingt mit aufnehmen solltest. Sie helfen Dir dabei, am Ball zu bleiben und Deine Ziele immer vor Augen zu haben. Sie stärken Dein Selbstbewusstsein, Dein Selbstwertgefühl und helfen Dir dabei, alles anzuziehen und zu erreichen, was Du Dir wünschst.

Du hast bereits erfahren, was Affirmationen sind und was es mit der Autosuggestion auf sich hat. Ebenso hast Du einige grundlegende Kenntnisse zu Visualisierung, Dankbarkeitsübungen, einem Erfolgsjournal und Vision-Board erlangt. Es stellt sich Dir aber sicherlich die Frage, wie Du die unterschiedlichen Möglichkeiten am besten in Deinen Erfolgskalender integrierst und in welcher Häufigkeit Du sie durchführen solltest.

Autosuggestion

Wenn Du Dir Gedanken über Deine Ziele, Wünsche und Träume machst und es tauchen doch negative Gedanken auf, die Dich hemmen, Dein Ziel tatsächlich klar zu formulieren, ist Autosuggestion der richtige Ansatz. Die Technik, um positive Gedanken zu manifestieren, hilft Dir dabei Deinen Selbstwert zu erkennen und Versagensängste in den Griff zu bekommen. Im Prinzip kannst Du die Technik auf alle Ziele und Lebensbereiche anwenden.

Formulierst Du Deine Ziele klar und erreichbar in Deinem Erfolgskalender, kommst Du der Zielerreichung schon ein Stück näher. Oftmals fehlt es nur an der richtigen Überzeugungskraft. Dementsprechend nutzt Du bestenfalls bei jedem gewünschten Ziel die Autosuggestion, um Dir das Ergebnis in den tollsten Farben auszumalen. Speicher es ab und hol es immer wieder in regelmäßigen Abständen hervor.

Affirmation

Schreibe Deine Affirmation jeden Tag und immer wieder auf ein Neues in Deinem Erfolgskalender auf. Du fragst Dich jetzt sicherlich, warum Du diese täglich wiederholen und neu aufschreiben sollst. Die Antwort ist eigentlich ganz einfach. Durch das tägliche Wiederholen in Deinem Erfolgskalender stellt sich nicht nur eine Routine ein. Vielmehr sorgen die positiven Gedanken dafür, dass kein Platz mehr für Negatives ist. Achte bei Deiner Formulierung unbedingt darauf, dass Deine neuen Glaubenssätze keine vermeintliche Verneinung enthalten und dass sie Deine Entschlossenheit zeigen. Mit einer glaubhaften Formulierung, die Du in der „Ich-Form" niederschreibst, erreichst Du ein positives Mindset, mit dem Du Positives anziehst.

Visualisierung

Das Visualisieren Deiner Wünsche und Träume kannst Du immer dann einsetzen, wenn Du das Gefühl hast, dass Du Deine Ziele aus den Augen verlierst und von dem Weg dorthin abweichst. Je öfter Du Dir diese aufzeigst, umso größer ist die Wahrscheinlichkeit, dass Du auch dort ankommst, wo Du hin möchtest.

Visualisierung hilft Dir auch dabei, Klarheit darüber zu schaffen, was Du wirklich willst. So lassen sich Deine Ziele exakt definieren. Nicht nur am Anfang, wenn Du die ersten Eintragungen in Deinen Erfolgskalender vornimmst und Deine Ziele aufschreibst, sondern auch bei täglichen Treffen von bewussten und unbewussten Entscheidungen, die den Weg bereiten, um Deinen Wunsch zu verwirklichen. Wenn Du morgens ausgeruht und ausgeschlafen bist, ist ein guter Zeitpunkt, um Dir Deine kleinen täglichen Ziele und die großen Visionen vor Auge zu führen.

Die dabei entstehenden positiven Gedanken unterstützen Dich dabei, Deine Wünsche und Ziele zu manifestieren. Nimm die Visualisierung jeden Tag in Deinen Erfolgskalender mit auf. Schließe die Augen und nimmt Dir täglich ein paar Minuten Zeit, um Dir Dein zukünftiges Leben nach der Erreichung Deines Ziels sehr genau und in den schönsten Farben vorzustellen. Dabei tauchst Du ganz tief in Deine Vorstellung ein. Spüre, wie es sich anfühlt und was Du mit Deinen Sinnen wahrnimmst. Das Erlebnis und Deine Wahrnehmung schreibst Du danach in Deinen Erfolgskalender.

Meditation

Die Meditation ist ein gutes Werkzeug, um Körper und Geist in Einklang zu bringen und Dein Bewusstsein und Gehirn neu auszurichten. Dadurch gelingt es Dir, Deine Ängste und Stressreaktionen zu reduzieren. Es stellt sich Entspannung ein, mit der Du ohne Widerstand neugierig und wertungsfrei Deinen Gefühlen gegenübertrittst. Du beobachtest die Vorgänge in Deinem Körper und Geist und erfährst dadurch mehr über Dich selbst und welche Wirkung Deine Emotionen auf Dich haben. Die störenden Grübeleien werden durchbrochen und Du verhinderst, dass Deine Gedanken immer wieder zum gleichen, belastenden Thema abdriften. Meditation ist ein sehr gutes Werkzeug, um die Konzentration zu trainieren und Deinen Geist auf Deine Ziele zu fokussieren. Das hilft Dir auch dabei, gelassener zu werden.

Meditation führst Du am besten jeden Tag oder auch mehrmals täglich durch. Deine ausgewählte Meditationsübung ist ideal, um sie in Deine Morgenroutinen einzubinden. Du hast einen frischen und wachen Geist, um Dich auf Deine Ziele, die Du in Deinem Erfolgskalender für den heutigen Tag aufgeschrieben hast, zu fokussieren. Die abendliche Mediation ist hilfreich, um die Erlebnisse am Tag noch einmal vor Augen zu führen und zu verarbeiten. Zweimal am Tag meditieren gehört auf jeden Fall in Deinen Erfolgskalender und ist sinnvoll, weil Du Dir damit Zeit für Dich ganz alleine nimmst.

Dankbarkeitsübungen

Dankbarkeit ist diese wohlige Empfindung, die den ganzen Körper mit Wärme und Wohlbehagen füllt und Dir dabei hilft, Dich selbst und Dein Leben wertzuschätzen. Der Fokus liegt vielfach auf dem, was Du nicht hast und was Dir fehlt. Was Du bereits besitzt, erfahren und erlebt hast, gerät dabei in Vergessenheit. Das schöne Zuhause, das kuschelig warme und gemütliche Bett, das Gefühl von Geborgenheit und die Dinge, die Du in Deinem Leben bereits erreicht hast, werden einfach ignoriert. Mit speziellen Übungen kannst Du Dankbarkeit wieder in den Vordergrund rücken und den Blick auf Dich selbst und Dein Leben verändern. Es entsteht mehr Zufriedenheit und Wertschätzung für alles, was Du bereits erreicht hast. Dankbarkeitsübungen sind jederzeit und an jedem Ort durchführbar. Du kannst sie morgens in der Bahn, auf dem Weg zur Arbeit, in der Mittagspause bei einem kurzen Spaziergang oder vor dem Einschlafen in Deinem Bett durchführen. Eine Eintragung in Deinem Erfolgskalender hilft Dir dabei, Dich immer daran zu erinnern, dass Du Dankbarkeitsübungen durchführen solltest. Dabei ist es ganz gleich, ob Du die Übungen täglich, einmal in der Woche oder einmal im Monat in den Erfolgskalender einträgst.

Vision Board

Dein ganz persönliches Vision Board ist ein tolles zusätzliches Tool zum Erfolgskalender und kann Dich dabei unterstützen, Deine Sehnsüchte, Wünsche, Träume, Lebensvisionen und Ziele sichtbar zu machen und zu manifestieren, indem Du diesen anhand von Bildern, Zitaten, Fotos, kleinen Texten und Affirmationen ein Gesicht gibst. Wenn beim täglichen Führen des Erfolgskalenders und Deinen Zielen Zweifel entstehen, schaue Dir Dein Vision Board an und schreibe Deine Emotionen und wertungsfreien Gedanken auf, die beim Betrachten entstehen. Das Vision Board hilft Dir dabei fokussiert zu bleiben und Dich nicht von alten Glaubenssätzen und negativen Gedanken leiten zu lassen. Du kannst wieder zu neuen Ufern aufbrechen und positive Gedanken erzeugen, die keinen Raum für Negatives lassen. Das Vision Board hilft Dir dabei, Deine individuellen und ganz persönlichen Ziele zu definieren und im Erfolgskalender niederzuschreiben. Dein Vision Board erstellst Du am besten direkt zu Anfang, bevor Du mit dem Führen eines Erfolgskalenders beginnst.

Welche Übungen sind die richtigen für Dich?

Diese Frage kannst Du schlussendlich nur selbst beantworten. Denn Du musst Dich schließlich damit identifizieren können. Darum gibt es so viele verschiedene Möglichkeiten, um Dein Denken und Handeln in die richtige Richtung zu lenken und alles anzuziehen, was Du Dir wünschst. Probiere auf jeden Fall die verschiedensten Übungen aus, um herauszufinden, welche davon zu Dir und Deinem Leben passen. Nur so gelingt es Dir, aus den Übungen und Möglichkeiten das Beste herauszuziehen. Übungen, die Du mit Leidenschaft durchführst und wo Du mit Herzblut dabei bist, erzielen gute Resultate und bringen Dich letztendlich an Dein ganz persönliches Ziel. Bei allem, was Du machst und tust, geht es ganz alleine nur um Dich, Deine Wünsche, Ziele und die positiven Gedanken, die Dich leiten. Das ist der Grundsatz, um die Kraft der Anziehung in positiver Weise für Dich zu nutzen.

Schlusswort

Das Gesetz der Anziehung zeigt Dir, welche Kraft positives Denken hat. Indem Du es praktisch anwendest, kannst Du die Dinge visualisieren und manifestieren, die Du in Deinem Leben haben willst. Die eigene Anziehung ist kein Hokuspokus oder eine von Esoterikgurus genutzte Weisheit, die auf instabilen Säulen steht. Dieses Gesetz zeigt Dir vielmehr einen Weg, auf den Du gehen kannst, um positive Dinge in Dein Leben zu ziehen.

Das sogenannte Resonanzgesetz hilft Dir dabei, zu erkennen, welche Macht Deine Gedanken haben und wie diese Dein ganzes Leben beeinflussen, sowohl auf positive wie auch auf negative Weise. Durch anerzogene Glaubenssätze ist schon in frühster Kindheit Dein Lebensweg in eine bestimmte Bahn gelenkt worden. Dieser Lebensweg ist die Grundlage dafür, ob Du Negatives oder Positives anziehst. Letztendlich geht es darum, das zu verstehen und Veränderungen herbeizuführen, die Dich Deinem gewünschten Leben näher bringen. Du hast Wünsche, Träume, Visionen und Ziele, die Du gerne umsetzen und erreichen möchtest. Das gelingt Dir aber nur, wenn Du die Stolpersteine und Blockaden ausfindig machst und ganz explizit daran arbeitest. Wenn Du die Grundsätze der Anziehung kennst, kannst Du aktiv werden und dafür die Grundlage schaffen.

Menschen, die das Gesetz der Anziehung für sich nutzen, stellen sich selbst nicht infrage. Sie besitzen Selbstachtung und Selbstbewusstsein, haben eine gute Selbsteinschätzung, ein gefestigtes Selbstbild und einen starken Glauben. Jack Canfield hat das Gesetz der Anziehung in meinen Augen auf den Punkt gebracht.

Zitat: „Alles, was Sie wollen, ist da draußen und wartet nur darauf, von Dir gefragt zu werden. Alles, was Du willst, will auch Dich. Aber Du musst Maßnahmen ergreifen, um es zu bekommen." **Jack Canfield**

Möchtest Du in Deinem Leben etwas verändern und Deine Ziele erreichen, musst Du an Dir arbeiten. Dafür habe ich Dir verschiedene Techniken aufgezeigt, mit denen Du endlich ein glückliches und zufriedenes Leben führen kannst, ohne Dich von alten Glaubenssätzen und Ängsten beschränken zu lassen.

Zitat: „Frage nach Deinen Wünschen und sei darauf vorbereitet." **Maya Angelou**

Indem Du Deine Wünsche erfragst und diese klar definierst, hast Du den richtigen Anfang gemacht, um diese zu visualisieren und zu manifestieren. Negative Gedanken kommen gar nicht erst auf, weil kein Platz mehr für sie ist. Du kannst alles erreichen, Glück, Liebe, Geld, Erfolg und Gesundheit, wenn Du bereit dazu bist und den Mut hast,

Dich auf Neues einzulassen. Dazu gehört aber auch, dass Du dankbar bist und Dich selbst und Dein Leben wertschätzt.

Zitat: „Sei dankbar für das, was Du hast. Du wirst am Ende mehr haben. Wenn Du Dich darauf konzentrierst, was Du nicht hast, wirst Du am Ende nie genug haben." **Oprah Winfrey**

Dieses Praxisbuch hilft Dir dabei, das Gesetz der Anziehung für Dich selbst zu nutzen und all die Dinge anzuziehen, die Du Dir aus tiefsten Herzen wünschst. Dabei wünsche ich Dir viel Erfolg!

Impressum

Originalausgabe Erste Auflage 2022

Herausgeber: Sebastian Schenker wird vertreten durch:

Tim Müller
Friedrich-Ebert-Straße 42
08209 Auerbach

Autor: Patricia Kirsch
Lektorat: Tina Müller

Umschlaggestaltung:
Sprudelkopf Design – Jasmin Raif,
www.sprudelkoepfe.com

Umschlagmotiv: iStockphoto/©Chinnapong und /©WhataWin
Satz und Layout: Danileoart www.danileoart.com

Printed in Poland
by Amazon Fulfillment
Poland Sp. z o.o., Wrocław

25236007R00097